Anonymous

Jahrbüchlein zur Geschichte Leipzigs

und Kalender zu den Gedenktagen seiner merkwürdigsten Einwohner

Anonymous

Jahrbüchlein zur Geschichte Leipzigs
und Kalender zu den Gedenktagen seiner merkwürdigsten Einwohner

ISBN/EAN: 9783744669160

Hergestellt in Europa, USA, Kanada, Australien, Japan

Cover: Foto ©ninafisch / pixelio.de

Weitere Bücher finden Sie auf **www.hansebooks.com**

Jahrbüchlein

zur

Geschichte Leipzigs

und

Kalender

zu den

Gedenktagen seiner merkwürdigsten Einwohner.

Zusammengestellt

von

F. Th. Richter.

LEIPZIG,
Druck und Verlag von Julius Klinkhardt.
1863.

Vorwort.

Vorliegendes Büchlein bildet eine Ergänzung zu den verschiedenen bisher erschienenen Geschichten der Stadt Leipzig. Ob es einem Bedürfnisse abhelfen werde, mag die Aufnahme desselben bei den Freunden der Geschichte entscheiden. Verf. ging von dem Gedanken aus, dass die in den neueren Geschichtsbüchern über Leipzig, mehr als billig, vernachlässigte Personengeschichte so recht eigentlich die Grundlage einer Ortsgeschichte bilde, und so lag ihm daran, ausser den merkwürdigsten nach der Zeitfolge verzeichneten Begebenheiten die einflussreichsten Bewohner der Stadt, gleichsam die Träger ihrer Geschichte, in einer gewissen Vollständigkeit aufzuführen. Der Leser findet also in. das Jahrbuch verwebt die sämmtlichen Bürgermeister der Stadt, die Directoren der Königl. Behörden, die Stadt-Commandanten, die Pröpste zu St. Thomas, die Prioren der Dominicaner zu St. Pauli, die Superintendenten, die Pastoren an den beiden Parochialkirchen, die Schul-Rectoren, die Stifter und Gründer der mannigfaltigen Institute, die Commandanten der Communalgarde u. s. w. in derjenigen Beschränkung, die entweder hier geboten schien, oder die sich Verf. wegen Unvollständigkeit seiner Quellen auferlegen musste. Bei dem Streben, nur Sicheres, Zuverlässiges mitzutheilen, kann es an Lücken nicht fehlen. So. musste die Reihe der Oberhofrichter und Kreisamtmänner weggelassen werden, weil dem Verf. zu viele Namen fehlten.

Der Gedanke, welcher der Zusammenstellung des Geschichtskalenders zum Grunde liegt, ist allerdings nicht neu. Das Leipziger Tageblatt hat z. B. bereits vor mehr als zehn Jahren einen ähnlichen Kalender gegeben, doch nicht in derselben Art der Zusammenstellung, wie Verf. den seinigen hier vorlegt. Wenn der Geschichtskalender an irgend wie ausgezeichnete Persönlichkeiten Leipzigs erinnern soll, so muss lediglich Leipzig entweder als Geburts- oder Sterbeort entscheiden. Die Geburtstage beziehen sich auf geborene Leipziger, die Todestage aber auf solche Leipziger Einwohner, die auswärts geboren wurden. Auszuschliessen waren diejenigen auswärts geborenen Leipziger, wenn sie auch auswärts starben, weil sich bei diesen kein Erinnerungstag auffinden liess, welcher dem Geburts- oder Todestage an Wichtigkeit gleichzustellen wäre. Beispielsweise sind zu nennen:

    Bürgermeister Reinhard Bachofen, geb. zu Köln, † am 7. Febr. 1614 zu Heidelberg.

    Johann Friedrich Beyer, Kaufmann und Rathsherr, † am 13. März 1767 zu Hamburg.

    Johann Jakob Bertram, Kaufmann und Rathsherr, † am 18. Juli 1782 zu Gera.

    Ernestine Christine Reiske, geb. Müller, die gelehrte Gemahlin des Professors und Rectors Dr. Johann Jakob Reiske, † am 27. Juli 1798 zu Kemberg, ihrem Geburtsorte.

    Bürgermeister Dr. Christian Gotthelf Gutschmid, geb. zu Kahren bei Cottbus am 12. December 1721, † als Conferenzminister zu Dresden am 30. December 1798.

    Charlotte Sophie Stieglitz, geb. Willhöfft aus Hamburg, in Leipzig erzogen, † am 29. December 1834 zu Berlin als Gemahlin des Dichters Dr. Heinrich Stieglitz.

    Ludwig Friedrich Gottlob Gedike, Director der Bürgerschule, † am 9. Juli 1838 zu Breslau.

    M. Johann Friedrich Jakob Reichenbach, Conrector an der Thomasschule, † am 17. October 1839 zu Zöbigker.

    Rathsherr Dr. Friedrich August v. Pfannenberg, geb. am 7. Juni 1787 in Dessau, † als preussischer Landrath am 27. Juni 1841 zu Storckwitz.

Hofrath Dr. Georg Friedrich Puchta, Professor der Rechte, † am 8. Jan. 1846 zu Berlin.

August Schiebe, Director der Handelslehranstalt, † am 20. August 1851 zu Strassburg.

Stadtrath Dr. Friedrich Heinrich Wilhelm Demuth, aus Budissin, † am 25. April 1852 zu Dresden.

Wenn auch Verf. sowohl im Jahrbuche als im Personenkalender eher zu viel als zu wenig gegeben haben sollte, und dabei die Versicherung aussprechen darf, keine Angabe ohne Prüfung gelassen zu haben, so weiss er doch, dass es der Zusammenstellung nicht an Irrthümern fehlen werde, die da um so leichter möglich waren, wo unter verschiedenen Angaben kritisch gewählt werden musste. Verf. legt auf das Besserwissen Berufung ein, weil er dann um so eher ein milderes Urtheil erwarten darf. Ueber die getroffene Auswahl unter mehr oder minder ausgezeichneten Persönlichkeiten können die Ansichten verschieden sein und man wird vielleicht rügen, dass, während minder wichtige Personen genannt sind, andere merkwürdige übergangen wurden. Diess war leider nur zu oft unvermeidlich, wo die Geburtstage unbekannt blieben oder unerforschlich waren, oder wo die Angabe der Todestage fehlte oder irgendwie zweifelhaft erschien. So konnten z. B. der Canzler Dr. Nikolaus Krell, der Jesuit Hieronymus Mülmann († am 26. October 1666), die Dichterinnen Katharina Kettner, geb. Deuerlin († am 20. November 1686) und Christiane Marianne v. Ziegler, geb. Romanus († 1752), der Kreisamtmann Dr. Johann Michael Teutscher zu Penig († am 11. Februar 1763), Dr. Hieronymus Christoph Wilhelm Eschenbach († zu Madras am 7. März 1798 in holländischen Diensten) u. a. m. im Kalender keine Stelle finden, während nur ein Tag, der 27. Juni, ohne Namen bleiben musste. Dass zu den Namen im Kalender keine weiteren biographischen Nachrichten gegeben wurden, geschah nicht aus Mangel daran, sondern weil des Stoffes zu viel war für den Umfang eines Buches, welches, will man einen Nebenzweck damit verbinden, ganz geeignet sein dürfte, Leipzigs Familienvätern als Notizen- und Familienkalender zu dienen. Mancher wird unter den aufgeführten Namen seine Vorväter entdecken und die Erinnerung an theure Angehörige, treue Lehrer, aufopfernde

Freunde und Wohlthäter auffrischen, wenn es ihm auch sonst an dem historischen Interesse fehlen sollte, bei den Namen aller Derer, die durch ihr Leben und ihre Thaten Leipzig zu einem merkwürdigen Schauplatze der Wissenschaft, Kunst und des Gewerbfleisses erhoben haben, gern einige Augenblicke zu verweilen.

Leipzig, im Juli 1863.

Der Verfasser.

Jahrbuch

zur Geschichte der Stadt Leipzig.

Leipzig gründeten in unbekannter Zeit Sorbenwenden als ein zwischen und an der Elster und Pleisse gelegenes Dorf Namens Lipzk. Dieser Name, von dem wendischen Worte lipa, die Linde, abgeleitet, bezeichnet einen Ort, wo Linden wachsen.

Lipzk lag nach damaliger Geographie im Gau Chutizi, dessen Name sich entweder in Gautsch oder Schkeuditz erhalten hat.

Nach Unterjochung der Sorbenwenden durch König Heinrich I. gründeten Deutsche dem Dörfchen Lipzk gegenüber an der Parde, bei der Mündung derselben in die Pleisse, eine Burg, theils zur Beaufsichtigung der freiheitliebenden Sorbenwenden, theils zum Schutze der nach und nach entstehenden deutschen Ansiedelungen.

Welchen Namen diese Burg führte, weiss Niemand. Die jetzige Benennung „alte Burg" konnte erst entstehen, nachdem die Burg ihre Bestimmung verloren hatte. Die Frage, ob an der Stelle dieser „alten Burg" eine alte sorbenwendische Befestigung sich befand, kann nicht mehr beantwortet werden.

Der erste deutsche Anbau ist in der Gegend der alten Burg, im jetzigen Naundörfchen, an der jetzigen Frankfurter Strasse und in den zahlreichen Vorwerken und Gütern der jetzigen Vorstädte, aufwärts der Pleisse, zu suchen. Nordwärts begränzte diesen Anbau ein auf der linken Seite der Parde sich ausbreitender, beträchtlicher Sumpf.

In dieselbe Zeit des ersten deutschen Anbaues fällt auch die Gründung der ersten christlichen Kirche Leipzigs. Sie wurde dem Apostel Jacobus geweiht und diente der deutschen Bevölkerung als Parochialkirche. Dass dem Pfarrer zugleich die Bekehrung der heidnischen Sorbenwenden übertragen war, ist kaum zweifelhaft. Diese Jakobskirche stand im Naundörfchen, im damaligen Schottengässchen, der Angermühle gegenüber.

1007 starb Graf Esiko, kaiserlicher Befehlshaber im Gau Chutizi.

1015 *(20. December) starb Ido (Eido), Bischof zu Meissen, auf der Durchreise zum Kaiser Heinrich II.*

1018 5. November überträgt Kaiser Heinrich II. dem Stift Merseburg die Aufsicht über die (Jakobs-) Kirche zu Leipzig.
.... Leipzig vergrössert sich und wird befestigt. — Angebliche Abhängigkeit Leipzigs vom Stift Merseburg.
1082 *Krieg Kaiser Heinrichs IV. gegen Rudolph von Schwaben.* Einnahme und Plünderung Leipzigs durch Wratislaus, König von Böhmen.
1123 **Heinrich II.** Graf von Eilenburg im Besitze Leipzigs.
Krieg Wiprechts von Groitzsch gegen Konrad Grafen von Wettin. Wiprecht erobert Leipzig, verliert es aber im Kampfe mit Herzog Lothar von Sachsen, welcher Leipzig zu Gunsten Konrads wieder erobert.
1127 *Tod Heinrichs von Eilenburg.* Graf **Konrad** von Wettin wird als Markgraf zu Meissen auch Herr von Leipzig.
1134 wird Leipzig mit einem Walle umgeben.
Salzniederlage. Getreide, Eisenwaaren, Tuch, Leinwand, Flachs etc. Gegenstände des beginnenden Handels.
Ein markgräflicher Voigt (Advocatus) übt als Obrigkeit die Gerichtsbarkeit aus.
1156 *Konrad legt die Regierung nieder. Ihm folgt sein Sohn* **Otto**, *zubenannt der Reiche.*
.... Gründung der Kirche zu St. Nicolai. Parochie.
.... Leipzig wird neu befestigt mit Mauern und Graben vom Raustädter Thore bis zum Peters- und Grimmaischen Thore. Die Nordseite schützt noch ein bis an die Parde reichender Sumpf. Die Gestalt Leipzigs ist dreieckig.
um 1176 Markgraf **Otto** erhebt Leipzig zur Stadt durch Ertheilung des halleschen und magdeburgischen Rechts, bestimmt ihr Weichbild, verleiht ihr den Wald Lych, die jetzige Burgaue, und verordnet unter Anderem, dass innerhalb einer Meile von der Stadt kein ihr schädlicher Jahrmarkt gehalten werden solle.
Damals war Gotschalcus de Scuditz markgräflicher Voigt. In seinen Händen befand sich die Obergerichtsbarkeit.
Die Bürgerschaft umfasste: die Grundbesitzer (cives), die Unangesessenen (burgenses) und die Burgsassen, als Grundbesitzer auf dem burgherrlichen Gebiete. Sie stand unter einem vom Markgrafen ernannten Schultheis (Scultetus, auch Decanus).
Anfänge der Zünfte, z. B. Fischer, als Pachter der der Stadt gehörigen Fischerei, Gerber, Schuhmacher u. s. w.
Es werden in Leipzig Münzen geschlagen. Verpachtung des landesherrlichen Münzrechts an Privatpersonen.
Zölle und Abgaben. — Waffenpflicht und Verpflichtung zur Heerfolge. — Stadtwappen und Siegel.
1190 Markgraf **Albrecht** bestätigt der Stadt Leipzig die Marktgerechtigkeit.
.... Bau der Kirche zu St. Petri.
1194 *Bruderkrieg zwischen den Markgrafen Albrecht und Dietrich.* Leipzig stärker befestigt, wird von Hermann, Landgrafen von Thüringen, vergeblich belagert.

1195 21. Juni *Tod Markgraf Albrechts. Die Markgrafschaft Meissen wird von kaiserlichen Truppen besetzt.*
1197 **Markgraf Dietrich.**
.... Bau der Kirche zu St. Thomas.
1210 *Markgraf Dietrich wird vom Kaiser Otto IV. bekriegt.*
1212 Kaiser Otto IV. erobert Leipzig und zerstört die Burg, welche muthmaasslich seitdem, da sie nicht wieder aufgebaut wurde, die „alte Burg" heisst.
1213 Markgraf Dietrich stiftet das Kloster der Augustiner-Chorherren zu St. Thomas und das Hospital zu St. Georg vor dem Ranstädter Thore. — Damals war Heinrich von Schkeuditz Voigt, Siegfried Villicus und Heinrich Stadt-Schultheiss.
19. März bestätigt Kaiser Otto IV. das Augustiner-Chorherrenstift zu St. Thomas.
1215 Leipzigs Bürger widersetzen sich mit Gewalt dem Baue des Augustiner-Klosters und nöthigen den Propst Conrad zur Flucht.
Man beschliesst, den Markgrafen Dietrich zu Eisenberg ermorden zu lassen. Der Mord wird vereitelt.
6. December. Leipzig im Aufstande gegen Markgraf Dietrich, welcher die Stadt vergeblich belagert.
1216 20. Juli Friedensschluss zwischen Markgraf Dietrich und der Stadt Leipzig.
Die markgräfliche Besatzung veranlasst durch ihre Plackereien bald einen neuen Aufstand der Bürger.
1217 Kaiser Friedrich II. und Markgraf Dietrich bemächtigen sich der Stadt mit List.
Verlust aller Privilegien. Zerstörung der Thore, Mauern und Befestigungen.
Markgraf Dietrich lässt drei Zwingburgen aufführen, die eine am Grimmaischen Thore, die andere südlich von der Stadt, an der Pleisse, die Pleissenburg genannt (eine wahrscheinlich an der Stelle des jetzigen botanischen Gartens gelegene sogenannte Wasserburg), und die dritte am Ranstädter Thore.
1218 7. Februar bestätigt Papst Honorius III. das Augustiner-Chorherrenstift zu St. Thomas. (Wernher, Propst zu St. Thomas.)
1221 Wilhelm, Propst zu St. Thomas.
17. Februar † Markgraf Dietrich durch seinen Leibarzt vergiftet. Markgraf Heinrich unter Vormundschaft Ludwigs, Landgrafen von Thüringen.
Vollendung und Einweihung des Augustiner-Chorherrenstifts zu St. Thomas.
Bischof Eckard von Merseburg beansprucht die Vormundschaft über Markgraf Heinrich und belegt deshalb Leipzig und andere Städte mit dem Banne.
1222 Aufhebung des Bannes.
(Angebliche) Gründung der Thomasschule.
1223 Propst Eckhardt zu St. Thomas.

1225 Landgraf **Ludwig** von Thüringen erlaubt den Leipzigern, die beiden Burgen am Grimmaischen und Ranstädter Thore niederzureissen.
1227 *Tod Ludwigs, Landgrafen von Thüringen. Albrecht, Herzog zu Sachsen, folgt ihm als Vormund des Markgrafen Heinrich.*
1229 Dominicanermönche kommen nach Leipzig. Zu Errichtung eines Klosters räumt man ihnen die Stelle am Grimmaischen Thore ein, wo eine der Zwingburgen stand.
1231 Bau des Dominicanerklosters.
.... Franciscaner- oder Minoriten- (Barfüsser-) Kloster, zwischen dem Ranstädter Thore und der Barfusspforte, wo die zweite zerstörte Zwingburg lag.*)
1237 Leipzig wird von Neuem befestigt. Erweiterung der Stadt auf der Nordseite. Anbau des **Brühls** und Verlängerung der dahin ausmündenden Strassen. Die Gestalt der Stadt wird viereckig.
1239 Bischof **Eckard** zu Merseburg lässt die Grenzen der Parochien zu St. Thomas und St. Jakob festsetzen.
1240 Kapelle der heil. Katharina auf der Katharinenstrasse unweit des Brühls. Zu ihrer Stiftung vermachte Wilhelm von Creuz, Bürger zu Leipzig, eine Mark jährlichen Zins.
Einweihung des Dominicaner-Klosters und der Klosterkirche zu St. Pauli. Die Stiftung wird **Paulinum** genannt.
Hertwig, Propst zu St. Thomas.
.... Benedictinernonnen von der Busse der Maria Magdalena, Marienmägde genannt. Ihr dem heil. Georg gewidmetes Kloster, wahrscheinlich vor 1246 erbaut, lag unterhalb der Pleissenburg unweit der Nonnenmühle.
1248 *Tod Heinrich Raspe's, Landgrafen von Thüringen. Erbfolgestreit. Markgraf Heinrich nimmt Thüringen in Besitz.*
1249 *Markgraf Heinrich als Landgraf von Thüringen anerkannt.*
1250 Johann, Prior zu St. Pauli.
1254 ffg. *Krieg zwischen Markgraf Heinrich und der Herzogin Sophia von Brabant.*
1260 Flagellanten kommen nach Leipzig.
1261 **Dietrich**, Guardian des Minoriten-Klosters. **Heinrich**, Prior zu St. Pauli.
1262 Kapelle zu Unsrer Lieben Frauen am Ende des Brühls und der Ritterstrasse.
Markgraf Heinrich (der Erlauchte zubenannt) tritt Thüringen, die Pfalz, Sachsen und das Osterland an seine Söhne Albrecht und Dietrich ab.
Markgraf **Dietrich** von Landsberg, Herr von Leipzig.
1263 20. Januar. Markgraf **Dietrich** von Landsberg befreit Leipzig

---

*) Das Franciscaner-Kloster zu Leipzig war Sitz eines s. g. Custos der Ordensprovinz Sachsen. Diese Provinz bestand aus 12 Custodien und die Custodia lipczensis umfasste die Franciscaner-Klöster zu Leipzig, Eger, Zeitz, Zwickau, Altenburg, Weyda, Hof und Weissenfels.

von dem Gerichtszwange seines Voigts und weist die Bürger an den Stadt-Schultheiss. — Ausbildung des Schöffengerichts und des Raths-Collegiums.
Herzog Albrecht von Braunschweig, Schwiegersohn und Kampfgenosse der Herzogin Sophie, bedroht Leipzig.
27. October Sieg bei Besenstädt über Herzog Albrecht, namentlich durch die Tapferkeit der Leipziger Bürger entschieden. Herzog Albrecht gefangen nach Leipzig gebracht.
(Heinrich, bisher Bischof zu Merseburg, wird Propst zu St. Thomas.)

1265 *Friede zwischen Markgraf Heinrich dem Erlauchten und der Herzogin Sophia von Brabant.*
Juden in Leipzig. Judenordnung.
1268 1. März giebt Markgraf Dietrich der Stadt Leipzig freies Geleite für die fremden Kaufleute. Der Handel wird blühender.
1271 Propst Dietrich zu St. Thomas erwirbt das Patronatsrecht der Kirchen zu Gautzsch und Gross-Zschocher.
1273 Markgraf Dietrich von Landsberg überlässt der Stadt Leipzig das Münzrecht für 30 Mark erb- und eigenthümlich.
1275 Die Söhne des Stadt-Schultheiss Albrecht verkaufen Debeschitz oder Debitzsch (in Connewitzer Flur) an die Augustiner-Chorherren zu St. Thomas.
1277 Propst Peter zu St. Thomas erkauft Connewitz von den Söhnen eines Ritters Boezlaus und von Conrad von Storckwitz.
1278 Begründung des Hospitals zu St. Johann für Aussatz- (mit s. g. Leprosa behaftete) Kranke. Die Leprosen erkauften dazu 4 Morgen Land von einem Kramer Namens Walter für 5 Mark.
...... Bau der Johanniskirche.
1282 *Zerwürfnisse Albrechts, Landgrafen von Thüringen, mit seinen Söhnen Heinrich, Friedrich und Diezmann.*
1284 † *Markgraf Dietrich von Landsberg.* **Friedrich** Tutta (oder der Stammler).
1287 Otto, Propst zu St. Thomas. — Simon, Stadt-Schultheiss.
1288 *Tod Heinrichs des Erlauchten, Markgrafen von Meissen. Erbstreitigkeiten. Friedrich und Diezmann bekriegen ihren Vater Albrecht und ihren Vetter Friedrich Tutta.*
1291 † *Friedrich Tutta an vergifteten Kirschen.* **Diezmann** nimmt das Osterland in Besitz.
Landgraf Albrecht verkauft die Mark Landsberg an Otto, Markgrafen von Brandenburg und verschenkt Leipzig *an den Bischof Heinrich von Merseburg.*
1292 15. August. Sieg Diezmanns bei Torgau über Markgraf Heinrich von Brandenburg, unter rühmlicher Betheiligung der Leipziger Bürger und ihres Anführers Heinrich Stern.
1293 1. September. Markgraf Diezmann stiftet zum Gedächtniss dieses Sieges einen Altar in der Thomaskirche.
1295 Hermann Corce, Stadt-Schultheiss. — Albert von Taucha, Propst zu St. Thomas. — Dietrich, Rector der Thomasschule.

Landgraf Albrecht verkauft Thüringen und Landsberg an den deutschen König Adolph von Nassau. Friedrich und Diezmann ergreifen von Neuem die Waffen.

1296 König Adolphs Feldherr, Graf Heinrich von Nassau, nimmt Leipzig ein.

20. Juli verkaufen die Augustiner-Chorherren zu St. Thomas ihre Mühle zu St. Jakob (die Angermühle) an Hermann Münzmeister in Geithain für 115 Mark.

1297 Die Augustiner-Chorherren zu St. Thomas verbrüdern sich mit den Benedictinern zu Pegau.

1298 2. *Juli Tod des Königs Adolph von Nassau in der Schlacht bei Gelnheim.*

Die Leipziger verjagen die nassauische Besatzung aus der Stadt und ergeben sich ihren rechtmässigen Landesfürsten Markgraf Friedrich und seinem Bruder Diezmann.

1300 28. März. Friedrich von Hohnstädt, ehemaliger Cellarius zu St. Thomas, stiftet die Allerheiligen-Capelle bei der Thomaskirche und ein Siechhaus für die Augustiner-Chorherren.

Nikolaus von Wolfshayn, Pfarrer zu St. Thomas.

1301 Johann Auriga, Bürger zu Leipzig, schenkt den Augustiner-Chorherren zu St. Thomas seine Badstube (die Ziegelstube genannt), bei der Thomasmühle gelegen.

1304 Die Wittwe Heinrichs von Grimma schenkt dem Augustiner-Chorherrenstift zu St. Thomas ein Vorwerk bei der Sandgrube vor dem Petersthore.

1305 1. Mai. Markgraf Diezmann bestätigt dem Augustiner-Chorherrenstift zu St. Thomas die ihm von Otto, dem Probst zu Schillen, überlassene Fischerei zu Leipzig, nebst dem Fischzoll und die Gerichtsbarkeit über die Fischer. Diese Fischerei war ein Erblehn des Tylemann Celerarius und von dessen Kindern an den Propst Otto verkauft worden.

14. August. Das Leprosen-Hospital zu St. Johannis erkauft 7½ Acker Land von den Kämmerern von Gnandstein.

1306 *Kaiser Albrecht I. bekriegt die Markgrafen Friedrich und Diezmann und bedroht Leipzig.*

1307 31. März. Sieg der Markgrafen Friedrich und Diezmann bei Lucca über Kaiser Albrecht I.

Markgraf Diezmann verleihet den Augustiner-Chorherren zu St. Thomas das Patronatsrecht zu Schönefeld.

Im December wird Markgraf Diezmann (angeblich auf Anstiften des Grafen Heinrich von Nassau) in der Thomaskirche meuchlings ermordet. **Markgraf Friedrich**, sein Bruder, Alleinherr.

Ludolph, Prior zu St. Pauli.

1308 Graf Heinrich von Nassau bemächtigt sich aufs Neue der Stadt Leipzig, *wird aber von Markgraf Friedrich bei Borna geschlagen.*

1310 Conrad, Propst zu St. Thomas. — Arnold Seiler, ein Leipziger Bürger, begabt das Augustiner-Stift zu St. Thomas mit

61 Schillingen jährlicher Einkünfte zur Erziehung seiner für das Klosterleben bestimmten Enkel.
1315 Theuerung und Brodnoth; ein Loth Brod gilt einen Groschen.
1316 Die Brüder Thammo und Friedrich von Oelzschau begaben das Leprosen-Hospital zu St. Johannis mit einer Wiese bei Oetzsch. — Johannes Eine, Bürgermeister.
1317 Johannes Haul, Propst zu St. Thomas.
...... Markgraf Friedrich führt die sogenannten Dickpfennige (Groschen) in den Verkehr ein. Rechnung nach Schock Groschen.
um 1320 Wiederherstellung der Befestigungen Leipzigs.
1324 17. November. Tod des Markgrafen Friedrich mit dem Biss. Friedrich der Ernsthafte.
17. Juli. Burggraf Albert zu Leisnig übereignet dem Johannis-Hospital die von Thammo von Oelzschau in Lehn gehabte Wiese bei Oetzsch.
1325 10. Juni wird den Augustiner-Chorherren zu St. Thomas das Dorf Cleuden vom Bürger Nikolaus von Grimma überlassen und zugeeignet.
1327 Markgraf Friedrich verbietet den Gebrauch der wendischen Sprache vor Gericht.
1328 Johann von Pegau, Stadt-Schultheiss.
1329 Heinrich von Byrkech, markgräflicher Advocatus.
24. Juni. Kaiser Ludwig IV. ertheilt den Städten der Markgrafschaft Meissen das Vorrecht, Lehngüter erwerben zu dürfen.
1331 Heinrich Truchsess von Borna, markgräflicher Advocatus.
1334 Conrad Schulze, Stadt-Schultheiss.
1335 Rudolph von Bünau, markgräflicher Advocatus. — Johann von der Heyda, Stadt-Schultheiss.
Das Augustiner-Chorherrenstift zu St. Thomas erkauft mehrere Hufen und Zinsen in Klein-Schkorlopp.
Nikolaus von Pössna, Propst zu St. Thomas.
1336 Titze (Dietrich) Schultz, Stadt-Schultheiss.
1342 Johann Stusius, Stadt-Schultheiss.
1345 Der Rath zu Leipzig verordnet, dass kein Kloster, Priester oder Mönch durch Vermächtniss erworbene Grundstücke in der Stadt über 12 Monate in Besitz haben dürfe.
1349 18 November. Tod Markgraf Friedrichs des Ernsthaften. Friedrich der Strenge und seine Brüder Balthasar und Wilhelm.
1350 Pest in Leipzig: der s. g. schwarze Tod.
Landtag. Steuerbewilligung.
Leipziger Schöppenstuhl, als Spruchcollegium von auswärts benutzt.
1355 Otto von Brandenstein, markgräflicher Advocatus.
Erneuerung der Thomaskirche. Bau neuer Altäre. Einweihung. Den Besuchern der Thomaskirche wird ein 40tägiger Ablass verheissen.
1358 Pest. Stiftung einer Messe, der Jungfrau Maria gewidmet, zu Abwendung der Pestilenz.

1362 Theurung und Pest. – Flagellanten kommen nach Leipzig.
1363 Der Rath zu Leipzig kauft von Thimo, Herrn von Colditz, den Marktzoll.
1368 Gründung der Michaelis-Capelle bei der Thomaskirche.
um 1370 Nikolaus Ziegenbock von Lübeck, Prior zu St. Pauli. *(Er starb als Bischof zu Meissen am 12. Febr. 1385.)*
  Michael, Propst zu St. Thomas.
1373 7. November entscheidet Landgraf Wilhelm die zwischen dem Leipziger Rathe und den Augustiner-Chorherren zu St. Thomas obwaltenden Streitigkeiten wegen verschiedener Zinsen und Gefälle, Gerechtsame u. s. w. Das Patronatsrecht über die Thomasschule und das Hospital zu St. Georg hat der Propst auszuüben.
1376 Hans von Roczicz verkauft dem Augustiner-Chorherrenstift zu St. Thomas drei Hufen in Melkau für 30 Schock Groschen.
1377 Die Markgrafen Friedrich, Balthasar und Wilhelm übereignen dem Augustiner-Convent zu St. Thomas die Dörfer Holzhausen und Zuckelhausen mit den Wüstungen Lipprandisdorf und Kolmen.
1380 Brauerei, ein städtisches Gewerbe.
  In der Ländertheilung fällt das Osterland (mit Leipzig) an Friedrich den Strengen.
1380 Nikolaus, Propst zu St. Thomas.
1381 26. Mai. Tod Friedrichs des Strengen. **Friedrich** *der Streitbare und seine Brüder* **Wilhelm** *und* **Georg.**
  2. August kauft der Rath zu Leipzig das Dorf Eutritzsch von Rudolph von Bünau.
  3. November verkaufen Ritter Kunz von Schlieben und Hans von Roczicz ihr Dorf Melkau an die Augustiner-Chorherren zu St. Thomas.
1382 2. Mai verkaufen die Augustiner-Chorherren zu St. Thomas gewisse Einkünfte an Margarethe von Molberg auf Lebenszeit für 14 Schock Groschen Freiberger Münze.
1384 Nickel von Quasnitz, markgräflicher Voigt.
  Hans Hosang, Bürgermeister.
1385 Die Markgrafen Friedrich, Wilhelm und Georg belehnen den Leipziger Bürger Thomas von Grimma mit der Hälfte des Gerichts zu Leipzig auf Lebenszeit.
um 1388 Leipzig tritt mit Augsburg und Nürnberg in Handelsverbindungen.
1390 7. Januar. Hans von Draschwitz und die Gebrüder Nikolaus und Heinrich von Heinitz verkaufen ihr Dorf Zweenfurt an den Augustiner-Convent zu St. Thomas.
  Die Markgrafen Friedrich, Wilhelm und Georg übereignen demselben Convent zu St. Thomas ein von Hans von Draschwitz erkauftes Schock Freiberger Groschen jährlicher Zinsen auf der Wehrbrucher Mark.
1391 29. April verkauft das Nonnenkloster zum h. Kreuz bei Meissen das Dorf Sommerfeld an das Augustiner-Chorherrenstift zu St. Thomas für 260 Schock Freiberger Groschen.

Wolfshayn und die Hälfte von Klein-Pösna gelangen an dasselbe Stift zu St. Thomas.
1392 Die Markgrafen Friedrich, Wilhelm und Georg lösen die andere Hälfte des Gerichts zu Leipzig wieder ein.
...... Aufhebung des Erbschulzenamts. Die Gerichtsbarkeit wird an den markgräflichen Voigt Nickel von Quasnitz übertragen.
1393 Johann Zobel aus Gotha, Propst zu St. Thomas.
1394 Heinrich, Bischof zu Merseburg, erlaubt den Augustiner-Chorherren zu St. Thomas, Mäntel und Barete zu tragen.
1395 12. März erlaubt Papst Bonifacius IX. dem Rathe zu Leipzig, eine Stadtschule zu gründen.
1396 Petrus von Radeberg, Propst zu St. Thomas, übereignet seinem Convente einem auf dem Hause des Matthias von Wolkewitz auf dem Kautze haftenden Zins.
1399 zahlt der Augustiner-Convent zu St. Thomas an das Johannis-Hospital 40 Schock Groschen Freiberger Münze für die Ansprüche auf einen in Holzhausen zu erhebenden Zins.
...... Bernhardiner-Collegium, eine Pflanzschule des Cisterzienser Ordens im Markgrafenthum Meissen, am Ende des Brühls, der Frauen-Capelle gegenüber.
1404 † *Heinrich Schützmeister von Orlamünde, Bischof zu Merseburg, im Thomaskloster.*
1405 wird Leipzig von einer grippenähnlichen, nicht selten tödtlichen Krankheit heimgesucht.
1406 Die Augustiner-Chorherren erwerben die andere Hälfte von Klein-Pösna.
1409 Die Auswanderung der Prager Studenten und ihrer Lehrer ins Meissner-Land veranlasst die Gründung der Universität zu Leipzig.
9. September bestätigt Papst Alexander V. die beabsichtigte Stiftung der neuen Universität.
2. December. Stiftung und Eröffnung der Universität. M. Johann Ottonis von Münsterberg, erster Rector. Eintheilung der Universität als politische Corporation in vier Nationen: die sächsische, meissnische, bayerische und polnische Nation. — Bildung der philosophischen, theologischen und juristischen Facultät. Ausstattung der Universität durch 20 Stipendien (oder die Einkünfte der Dörfer Hohenheyda, Gottscheuna und Merkwitz) und zwei Collegien (das grosse Fürsten-Collegium auf der Ritterstrasse; das kleine Fürsten-Collegium, Petrinum, auf der Petersstrasse). — Der Bischof von Merseburg Canzler und Conservator der Universität.
Löwen-Apotheke.
1410 Der Propst zu St. Thomas wird zum Subconservator der Universität ernannt.
1411 Die Grenzen der meissnischen Nation werden genauer bestimmt.
1412 24. November. Einsturz der Thomasthurmspitze.

1413 7. April. Papst Johann XXIII. ertheilt der Universität sechs Domherrenstellen bei den Stiften zu Meissen, Naumburg und Zeitz.
1414 Markgraf Friedrich (der Streitbare) ertheilt den Gerbern eine Innungsordnung.
1415 Bildung der medicinischen Facultät.
1416 M. Johann Ottonis von Münsterberg verordnet durch Testament die Stiftung des Frauen-Collegiums.
1418 Erbauung des Frauen-Collegiums neben der Frauencapelle am Ende des Brühls.
Zigeuner kommen nach Leipzig, werden aber ausgewiesen.
1419 Der Rath zu Leipzig überlässt dem Dietrich Schmidt von Ronneburg den Hopfgarten an der Mauer bei der Frauencapelle.
1420 Eine grosse Feuersbrunst verzehrt 400 Häuser.
Hartmann von Kuncz, markgräflicher Voigt.
1421 20. Januar. Papst Martinus V. bewilligt der Universität statt eines Canonicats zu Naumburg und eines desgleichen zu Zeitz zwei andere Domherrenstellen bei dem Stift zu Merseburg.
14. December. Markgraf Friedrich giebt dem Frauencolleg die Freiheiten der beiden Fürsten-Collegien.
1422 Hanns von Kaberg, markgräflicher Voigt zu Leipzig.
1423 *6. Januar. Kaiser Sigismund verleiht Friedrich dem Streitbaren, Markgrafen zu Meissen, das Herzogthum Sachsen-Wittenberg und die sächsische Kurwürde.*
24. Juni. Kurfürst Friedrich überlässt der Stadt Leipzig die Gerichtsbarkeit innerhalb des Weichbildes wiederkäuflich für 1500 rheinische Goldgulden.
1425 † *Markgraf Wilhelm II.*
1428 *4. Januar † Kurfürst Friedrich der Streitbare.* **Friedrich** *der Sanftmüthige und seine Brüder* **Siegmund**, **Heinrich** *und* **Wilhelm III.**
Landtag in Leipzig. Bewilligung einer Consumtionssteuer unter dem Namen Ziese.
1429 Leipzig wegen der Hussiten in Vertheidigungszustand gesetzt.
1431 Aufstand zu Leipzig zwischen den Barbierern und Fleischern.
Konrad Beyer und Peter Ihlenburg, Bürgermeister.
1433 Kurfürst Friedrich und Herzog Siegmund belehnen die Stadt Leipzig mit der Pardenmühle und der Fischerei in der Parde.
Hanns Gorlitz, kurfürstlicher Voigt und Hauptmann zu Leipzig.
Johann Wachau, Bürgermeister.
1434 Martin Schindler stiftet eine Heringsspende für die Armen.
1435 2. Januar. Kurfürst Friedrich und Herzog Siegmund verkaufen der Stadt Leipzig die Gerichtsbarkeit innerhalb des Weichbildes auf Wiederkauf für 3000 rheinische Gulden.
Aufrichtung eines Galgens.
1436 Livinus Stregis, Propst zu St. Thomas.
2. Februar. Kurfürst Friedrich und Herzog Wilhelm verschreiben der Universität 240 Schock Groschen jährlicher

Einkünfte aus den Städten Weissenfels, Torgau und Mittweida und aus 42 Dörfern.
25. Februar überlassen dieselben Fürsten den Medicinern zwei Stellen im grossen Fürstencolleg und die Besoldung der beiden letzten Stellen im kleinen Fürstencolleg (Begründung der Professuren der Therapie und Pathologie) und geben der Universität noch andere reformatorische Bestimmungen.

1439 Theurung und Pest.
29. September. Bischof Johannes zu Merseburg genehmigt, dass die Augustiner-Chorherren zu St. Thomas das Hospital und die Capelle zu St. Georg an die Stadt Leipzig zu Aufrichtung eines neuen Hospitals abtreten mögen.

1440 1. April. Bischof Johannes (Hofmann von Schweidnitz) zu Meissen schenkt dem Frauencolleg sein Official-Wohnhaus, gelegen der Frauencapelle gegenüber.

1441 Professor Dr. Helmoldus Gledenstede von Soltwedel vermacht sein Hauss, den s. g. Fuchszagel (bei der Rossmühle auf der Ritterstrasse), dem grossen Fürstenkolleg, welches dasselbe der philosophischen Facultät zur Einrichtung eines Pädagogiums überlässt.

Stephan Stuiss, Bürgermeister.

1442 Ernst Burchard von Chemnitz, Propst zu St. Thomas. Er beansprucht den Rang vor den Doctoren der Theologie bei der Universität.

1443 Die Brüderschaft der Rüstungs- und Büchsenschützen stiftet zum St. Sebastianstage eine Messe in der Thomaskirche.
24. Juli. Propst Burchard übergibt das Hospital zu St. Georg dem Rathe zu Leipzig.
Stiftung eines Altares zu den heil. drei Königen in der Thomaskirche.

1444 Martin, Pfarrer (Plebanus) zu St. Nicolai. Conrad, Plebanus zu St. Thomas. Heinrich Butzstedt, Plebanus zu St. Jacob.
Der Dominicanermönch Dr. Johann Cuno bestreitet das Wunder der blutenden Hostie zu Wilsnak. Die Folge seiner Kühnheit war ein Anklageprocess, aus dem Cuno zwar straffrei ausging, den Wallfahrten nach Wilsnak aber kein Abbruch erwuchs.

1445 Balthasar Arras, kurfürstlicher Voigt und Hauptmann zu Leipzig.
Bischof Johannes zu Merseburg bestätigt die Schützenbrüderschaft (oder St. Sebastiansgesellschaft) und ertheilt ihr 40 Tage Ablass.
30. März. Der Rath zu Leipzig verstattet der Universität, eine Anzahl Fass Bier in die Collegien zu ihrem Gebrauche frei einzuführen.
Bischof Johannes zu Merseburg lässt die Statuten der Augustiner-Chorherren zu St. Thomas revidiren.
Kurfürst Friedrich und Herzog Wilhelm theilen ihre Länder.

1446 11. Januar. Kurfürst Friedrich und Herzog Wilhelm reformiren die Universität.

Bruderkrieg zwischen Kurfürst Friedrich und Herzog Wilhelm.
1447 3. December. Bischof Johannes zu Merseburg verordnet das Frühläuten bei der Thomaskirche und ertheilt für die dabei Betenden 40 Tage Ablass.
1448 Hanns Thümmel, Bürgermeister.
1449 Johann Seydenheffter, Bürgermeister.
1450 Dr. Jakob Meseberch von Stendal, Decan der medicinischen Facultät und Bürgermeister.
1451 M. Peter Schusen (Seehausen), Rector der Thomasschule. — M. Johann Grundmann, Plebanus zu St. Nicolai. — Gregorius, Guardian im Barfüsserkloster.
27. Juni *Friedensschluss zu Pforta zwischen Kurfürst Friedrich und seinem Bruder Wilhelm.*
Cardinal Nikolaus von Cusa in Leipzig feierlich empfangen.
12. October. Visitation des Augustiner-Chorherrenstifts zu St. Thomas.
1452 17. Januar. Kurfürst Friedrich entscheidet wegen streitiger Gerichtsbarkeit und anderer Irrungen zwischen der Universität und dem Rathe zu Leipzig.
11. Mai. Vier Cardinäle ertheilen den Leipzigern 100 Tage Ablass.
Dr. Johann Capistranus, päpstlicher Legat, als Bussprediger in Leipzig. 60 Studenten und Universitätsverwandte werden Barfüssermönche.
Reinhard Straube, Bürgermeister.
1454 *Landtag in Leipzig.* Die Augustiner-Chorherren zu St. Thomas verkaufen dem Rathe zu Leipzig ihren Garten zur Anlegung des Stadtgrabens.
1455 M. Johann Grundmann, Propst zu St. Thomas. Peter von Harras, Plebanus zu St. Jakob.
1456 Papst Calixtus III. verordnet das Mittagsläuten zum Gebete gegen die Türkengefahr.
14. November. Kurfürst Friedrich verlegt mit Bewilligung der Universität das kleine Fürsten-Collegium in das bisherige Pädagogium (den s. g. Fuchszagel auf der Ritterstrasse) und das Pädagogium in das s. g. Petrinum (das bisherige kleine Fürsten-Collegium auf der Petersstrasse).
1457 Der Rath zu Leipzig kauft von Ritter Hans von Maltitz das Vorwerk und Dorf Raschwitz für 900 rheinische Gulden.
In Leipzig werden die s. g. Spitzgroschen à 12 Pfennige geprägt. — Pest in Leipzig.
Visitation des Minoriten- (oder Barfüsser-) Klosters.
1458 Das Minoriten-Kloster zu Leipzig verkauft das Rosenthal an den Rath zu Leipzig.
Kurfürst Friedrich verleiht der Stadt Leipzig den Neujahrsmarkt.
Andreas von Frankenberg, Plebanus zu St. Thomas.
1459 Kurfürstliche Bestätigung des Bierzwangs.
1460 M. Johann Fabri, Rector der Thomasschule. — Die Schützenbrüderschaft verlegt ihre Messe in die Paulinerkirche.

1461 Hans Stockhardt, Bürgermeister.
1462 Die Schützenbrüderschaft verlegt ihre Messe in die Nicolaikirche an den von dem Schützenbruder Ambrosius Holzschucher gestifteten Frohnleichnamsaltar.
1464 Die Dominicanermönche zu St. Pauli führen Beschwerde über die Augustiner-Chorherren zu St. Thomas.
Der Stadt Leipzig wird das Waagegeld überlassen.
Dr. Johann Meurer (1445 Decan der philosophischen Facultät), Bürgermeister.
Kurfürst **Ernst** *und sein Bruder* **Albrecht.**
1465 14. Juni. Bischof Johannes zu Merseburg bestätigt die Statuten der Universität und des Frauen-Collegiums.
2. November. Kurfürst Ernst bestimmt, dass die philosophische Facultät ohne Vorwissen der übrigen Facultäten Nichts vornehmen solle.
1466 Einführung des Schlegelschatzes (Abgabe auf die Weine).
8. Juli. Vergleich zwischen Rath und Universität zu Leipzig (die s. g. Compactaten.)
Bäckertaxe und geschärfte Beaufsichtigung.
Der Rath verbietet den Schuhmachern, Schnäbelschuhe zu verfertigen.
Hanns Traupitz, Bürgermeister.
1467 7. März. Papst Paul II. weist den Doctoren in den weltlichen Rechten drei Stellen im grossen Fürstencolleg an.
Thilo Hartwigk, Bürgermeister. — Johann Schulze, Plebanus zu St. Thomas.
1468 Kaiser Friedrich III. bestätigt die Neujahrsmesse zu Leipzig.
16. Juli. Zweiter Vergleich zwischen Rath und Universität zu Leipzig.
3. August. Kurfürst Ernst und Herzog Albrecht bestätigen die Compactata zwischen Rath und Universität zu Leipzig.
1470 † M. Johann Grundmann, Propst zu St. Thomas. Johannes Falkenhagen, Propst zu St. Thomas.
Laurentius Untervoigt, Plebanus zu St. Nicolai.
Das Tuchhaus wird aus dem Rathhause in das Gebäude der (s. g. alten) Waage am Markte verlegt.
1471 Johann Chemnitz, Plebanus zu St. Thomas.
Die Schuhmachergesellen erlassen einen Fehdebrief gegen die Universität.
1472 Ludwig Scheibe, Bürgermeister.
Papst Sixtus gibt der Universität wegen zu haltender Processionen eine Bulla.
1473 Jakob Thümmel, Bürgermeister.
1474 M. Johann Schöber, Bürgermeister. — An die Thomaskirche wird ein bölzerner Thurm gebaut.
1476 Dr. Jakob Köhler, Plebanus zu St. Thomas.
Vertrag wegen der Begräbnisse auf dem Johanneskirchhofe.
1478 Propst Falkenhagen stiftet eine Fraternität.
1479 Professor Andreas Friesner bringt die Buchdruckerkunst nach Leipzig.

Der Rath zu Leipzig nimmt Stadtpfeifer in Sold.
1480 Konrad Kachelofen, Buchdrucker.
1481 Bau des Gewandhauses.
1482 Propst Falkenhagen legt den Grundstein zum Neubau der Thomaskirche.
Studententumult wegen des Kleiderverbotes.
1483 M. Johann Wilde, Bürgermeister.
1484 Einrichtung des Johanniskirchhofs.
Papst Innocenz VIII. bestätigt den Dominicanern zu St. Pauli die Brüderschaft des Rosenkranzes.
Der Rath zu Leipzig bestätigt die Statuten der Böttcherinnung.
Marcus Brand, Buchdrucker.
1485 *Kurfürst Ernst und Herzog Albrecht theilen ihre Länder. Herzog Albrecht wählt Meissen.*
1487 Konrad Gallicus, Buchdrucker.
1488 Herzog Albrecht errichtet das Oberhofgericht zu Leipzig.
Martin Adam, Prior zu St. Pauli. — M. Nicolaus Schreiter, Plebanus zu St. Jacob.
1492 M. Donatus Groschen und Johann Groschen verkaufen das Dorf Melsche (die Melschor Mark) an die Augustiner-Chorherren zu St. Thomas für 350 rheinische Gulden.
1493 Herzog Albrecht privilegirt die Schneiderinnung mit der Bannmeile.
Der Rath zu Leipzig bestätigt die Innung der Goldschmiede.
Ambrosius Thormann, Propst zu St. Thomas. M. Jakob Köhler, Propst zu St. Thomas.
Georg Bötticher, Buchdrucker.
1494 Neubau der Franciscanerkirche (jetzigen Neukirche).
Vergleich zwischen Martin, dem Abt zu Celle, und dem Propst zu St. Thomas wegen der neuen Capelle im Bernhardinercolleg.
M. Ulrich Pfister, Plebanus zu St. Thomas.
1495—1534 Wolfgang Stöckel, Buchdrucker. *(Herzog Georg berief ihn nach Dresden.)*
Georg Horn von Seslach, Küchenmeister zu St. Thomas.
1496 Einweihung der Thomaskirche durch Thilo von Trotha, Bischof zu Merseburg.
M. Ulrich Pfister, Plebanus zu St. Nicolai. Ulrich Döbeler, Plebanus zu St. Thomas.
Herzog Georg feiert in Leipzig seine Vermählung mit der polnischen Prinzessin Barbara.
1497 20. Juli. Kaiser Maximilian I. bestätigt die Leipziger Messen.
Visitation des Augustiner-Chorherrenstifts zu St. Thomas durch Thilo von Trotha, Bischof zu Merseburg.
1498 Brand auf dem Brühl.
Reformation des Minoriten-Klosters. Die s. g. Martinisten (die Minoriten nach der milderen Regel) werden ausgewiesen und drohen mit Brandstiftung.

M. Petrus von Neuzelle, Provisor des Bernhardinercolleg.
Jakob Thanner, Buchdrucker.
1499 Fastnachtsmummerei. Eine Dienstmagd ersticht einen Mummer beim s. g. Pflugzuge.
Die Familie Thümmel verkauft die Angermühle an den Rath zu Leipzig für 1200 rheinische Gulden.
.... Salomonis-Apotheke.
1500 Margaretha Schoibe, Priorin zu St. Georg.
12. September. Tod Herzog Alberts. **Georg** *der Bärtige.*
1501 13. Januar. Herzog Georg verleiht der Stadt Leipzig die hohe und niedere Jagd.
Thilo von Trotha, Bischof zu Merseburg, weihet die Minoritenkirche zu St. Francisci ein.
M. Bartholomäus Abt, Bürgermeister. — Margaretha von Breitenbach, Priorin zu St. Georg.
1502 Der Jude Ephraim wird verbrannt, weil er falsche Schreckenberger gemünzt hatte.
Melchior Lotter, Buchdrucker, führt die romanischen Lettern (die Antiqua) ein.
Thomas Schöbel, Bürgermeister.
8. November. Herzog Georg verordnet die Reformation der Universität.
1503 1. Januar. Cardinal Raymund Peraldus, der päpstliche Legat, in Leipzig, ertheilt Ablass als s. g. Türkensteuer. Ein Brand verzehrt seine Wohnung im Paulinerkloster.
6. Februar. Das Nonnenkloster zu Seuslitz verkauft die Barfussmühle zu Leipzig für 1200 Thaler an einen gewissen Moritz, welcher dieselbe dem Leipziger Rathe überlässt.
Cardinal Melchior von Megkau, Bischof zu Brixen, schenkt der theologischen und philosophischen Facultät zu Leipzig 4000 Thaler zu Seelenmessen und Vorlesungen.
1504 8. März. Herzog Georg eignet dem Rathe zu Leipzig für den an die philosophische Facultät abgetretenen alten Marstall auf der Ritterstrasse das bisher zum Ordinariat der Juristenfacultät gehörige Haus bei der Peterskirche, wofür der Juristenfacultät das Collegium Petrinum übergeben wird. Verlegung des Marstalls in das bisherige Ordinariatshaus.
M. Andreas Frisner vermacht seine Buchdruckerei den Dominicanern zu St. Pauli.
Herzog Georg erweitert die Weichbildsgrenzen der Stadt Leipzig.
Barbara Nischwitz, Priorin zu St. Georg.
1506 Der Propst Dr. Jakob Köhler gibt 200 rheinische Gulden zum Bau einer neuen Wohnung für den Ordinarius der Juristenfacultät.
Der Rath zu Leipzig gibt eine Wirthschafts- und Kleiderordnung.
1507 Neubau der Peterskirche.
Mechtildis Metzsch, Priorin zu St. Georg.

23. Juli. Kaiser Maximilian I. bestätigt der Stadt die Stapelgerechtigkeit.
Pestkrankheit. Es starben an 1800 Personen.
1508 Herzog Georg verkauft dem Rathe zu Leipzig die Gerichtsbarkeit erblich für 3000 rheinische Gulden.
1509 Benedict Beringershayn, Bürgermeister.
M. Vitus Heyner von Eilenburg, Rector der Thomasschule. — Johann Piscator, Prior zu St. Pauli.
1511 4. Januar. Der Rath zu Leipzig verwilligt der Universität zwei Stellen im Johannishospital für Studenten.
Gründung der Nicolaischule.
Johann Leimbach, Bürgermeister.
Valentin Hermann (Thalheim), Plebanus zu St. Thomas.
1512 Verkauf der s. g. Butterbriefe (Erlaubniss, Butter und Milchspeisen zur Fastenzeit zu geniessen).
1513 Geistliche Komödien. Herzog Georg setzt 2000 rheinische Gulden aus zur theatralischen Aufführung der Leidensgeschichte Jesu Christi.
28. März. Propst Dr. Jakob Köhler legt den Grundstein zum Neubau der Nicolaikirche.
M. Blasius Hentschel, Rector der Thomasschule.
1514 Dr. Johann Lindemann, Ordinarius der Juristenfacultät, Bürgermeister.
Valentin Schumann, Buchdrucker, druckt zuerst mit griechischer Schrift. — Elisabeth Hallis, Aebtissin zu St. Georg.
8. December. Papst Leo X. bestätigt der Stadt Leipzig die Stapelgerechtigkeit und die Messen.
1515 7. Mai. Das vom Rathe zu Leipzig erbaute neue Haus (das Hintergebäude des s. g. rothen Collegiums) wird der philosophischen Facultät übergeben.
Herzog Georg verkauft dem Rathe zu Leipzig das Dorf Neutzsch bei der Kirche St. Thecla.
Richard Crocus, Professor der griechischen Sprache.
1516 Elisabeth von Weissenbach, Aebtissin, und Margaretha Pflugk, Priorin zu St. Georg.
1517 Der Dominicaner Johann Tetzel als Ablasskrämer in Leipzig feierlich empfangen.
Bau des rothen Collegiums (an der Stelle des alten Marstalls; Vordergebäude).
1518 Brand auf dem Brühl.
M. Johann Poliander, Rector der Thomasschule.
Georg Rhau, Cantor an der Thomasschule.
Pestkrankheit. Die Zahl der Todten wird auf 1700 angegeben.
1519 27. Juni bis 17. Juli. *Leipziger Disputation zwischen Dr. Johann Eck und Dr. Carlstadt und Dr. Luther auf der Pleissenburg.*
Tod Jakob Köhlers, Propsts zu St. Thomas.
Ulrich Pfister, Propst zu St. Thomas. — Dr. Ambrosius Rauch, Plebanus zu St. Thomas. — Valentin Hermann, Plebanus zu St. Nicolai.

Wiederausbruch der Pest. (Verlegung der Universität nach Meissen.) In diesem Jahre starben 2360 Personen.
1520 M. Aegidius Morch aus Werdau, Bürgermeister.
1521 Pestkrankheit, Schnarrkickel genannt.
Martin Zedeler, Plebanus zu St. Jakob.
Der Rath zu Leipzig erkauft von den Nonnen zu St. Georg für 400 rheinische Gulden den Grund und Boden an der Pleisse zu Anlegung einer Wasserkunst.
1522 Herzog Georg verordnet eine neue Eintheilung der Nationen bei der Universität. — Verbot der Lutherischen Lehre und Schriften, besonders der Uebersetzung des Neuen Testaments.
M. Johann Poliander legt sein Amt nieder als Rector der Thomasschule. Sein Nachfolger: M. Caspar Borner.
M. Stephan Steinbach predigt in der Johanniskirche Luthers Lehre, wird aber vertrieben.
Georg Schönichen, ein Leipziger Bürger, muss als Anhänger Luthers die Stadt verlassen.
1523 Johann Wenkheim und Michael Hofmann theilen die Salomonis-Apotheke. Hofmanns Antheil erhält die Firma: Mohrenapotheke.
M. Sebastian Fröschel predigt in der Johanniskirche Luthers Lehre und wird deshalb von der Universität relegirt.
M. Konrad Birkhammer, Rector der Nicolaischule.
1524 Georg von Wiedebach, Hauptmann der Pleissenburg und Rentmeister, vermacht sein Dorf Thösen bei Probstheyda dem St. Johannishospital.
105 Leipziger Bürger bitten den Rath, den M. Andreas Franke als Prediger zu St. Nicolai anzustellen.
Herzog Georg bescheidet auf diese Bittschrift abfällig; ingleichen verordnet er die Vertreibung lutherisch gesinnter Einwohner.
Der Buchhändler Johann Hergott wird wegen Verkaufs lutherischer Schriften hingerichtet.
1525 Johann Mussler, Rector des Nicolaischule.
16. Mai. Einweihung der neuerbauten Nicolaikirche durch Adolph, Bischof zu Merseburg.
15. Juni. Acht Anhänger Thomas Münzers werden enthauptet und funfzehn andere des Landes verwiesen.
Ringschmidt und Uebelacker, zwei Leipziger Bürger, hingerichtet, weil man bei ihnen lutherische Bücher gefunden hatte.
Der Rath zu Leipzig kauft von Kunz Meisenberg die Dörfer Reudnitz (den s. g. Kohlgarten) und Teutschendorf, sammt Schuhflicker-, Fischer- und Höckerzoll und der Fischerei in der Parde und Rietzchke für 3350 Gulden.
Hermann Rabe, Prior zu St. Pauli.
Otto von Spiegel, Hauptmann auf der Pleissenburg.
1526 Frau Apollonia von Wiedebach, geb. Alnpeck, Wittwe Georgs von Wiedebach, hinterlässt zu milden Stiftungen 30,855 Gulden.
Heinrich Scheibe, Plebanus zu St. Jakob.

1527 *Herzog Georg lässt Emsers Uebersetzung des Neuen Testaments drucken.*
Wolf Wiedemann, Bürgermeister.
Hans von Lindenau verkauft sein Dorf und Rittergut Lindenau an den Rath zu Leipzig für 9000 Gulden.
Siegmund und Kaspar von Lindenau verkaufen Lehelitz (bei Hohenleina) an den Leipziger Rath.
Der Rath bestellt einen verpflichteten Kornmesser.
1528 Margaretha Pflugk, Aebtissin, und Elisabeth Hallis, Priorin zu St. Georg.
Die schwarze Magerin, als Anhängerin Luthers, wird mit Staupenschlag aus der Stadt verwiesen.
1529 Erbauung des Kornhauses oder Stadtmagazins neben der Peterskirche.
Englische Schweisssucht.
1530 Stiftung der Frühmetten bei der Nicolaikirche.
Tod des Propsts Ulrich Pfister. Ambrosius Rauh, Propst zu St. Thomas. Georg Aleburg, Prior zu St. Thomas.
Die Leipziger wallfahrten nach Kloster Eicha zum protestantischen Pfarrer Johann Pfeffinger.
Dr. Heinrich Stromer aus Auerbach erbaut Auerbachs Hof.
1531 Der Rath zu Leipzig gibt eine Brauordnung.
Martin Bereuther, Plebanus zu St. Jakob.
1532 Johann Ralla, Besitzer der Salomonisapotheke.
Wilhelm von Haugwitz, Herr auf Taucha, befehdet die Stadt Leipzig und nimmt als Wegelagerer den Leipziger Hauptmann Otto Spiegel und den damaligen Syndicus Dr. Ludwig Fachs bei ihrer Rückkehr von Altenburg gefangen.
Wolfgang Schirmeister, der letzte Prior zu St. Pauli.
1533 Herzog Georg verordnet, die Lutheraner an ungeweihte Orte zu begraben.
Dr. Augustin Specht wird auf den Schindanger begraben.
Ausgabe von Beichtzeichen zur Erforschung der heimlichen Anhänger Luthers.
28. März. Kaufmann Peter Gengenbach über seinen religiösen Glauben verhört. Er und an 80 andere Bürger werden als heimliche Lutheraner mit Familie und Gesinde aus der Stadt vertrieben.
Martin Ammer, Prior zu St. Thomas. Ulrich Burchard, Plebanus zu St. Nicolai.
Melchior Lotter druckt zuerst den hebräischen Psalter.
1534 29. April. *Leipziger Colloquium zu Vereinigung der Religionsbekenntnisse.*
Neue Austreibung der Anhänger Luthers.
Erbauung des Amthauses auf dem Thomaskirchhofe.
Dr. Ludwig Fachs, Bürgermeister.
1535 Herzog Georg verbietet die Errichtung s. g. Factoreien durch die ausgetriebenen Handelsleute.

Hans Pflug auf Gross-Zschocher verkauft einen Theil von
Gohlis an den Rath zu Leipzig für 1500 Gulden.

Wolfgang Meurer, Rector der Nicolaischule.

1536 Herzog Georg verordnet auf Bitten des Raths, dass die Leichen
nicht mehr innerhalb der Stadt, sondern nur auf den St. Johanniskirchhof begraben werden sollen.

26. Mai. Herzog Georg ertheilt der Universität wegen der Begräbnisse ein besonderes Privilegium.

Der Rath zu Leipzig erlässt eine Weinordnung.

1537 Caecilia von Haugwitz, letzte Aebtissin zu St. Georg.

Der Bürgermeister Wolf Wiedemann und sein Bruder Benedict verkaufen Leutzsch, Barneck und Schönau an den Rath zu Leipzig für 8400 Gulden.

Neubau des Thomaskirchthurms.

1538 29. Januar. Herzog Georg begnadigt den Rath zu Leipzig mit dem Vorkauf an den etwa zur Erledigung kommenden Klostergütern.

26. März. Die Augustiner-Chorherren zu St. Thomas verkaufen dem Rathe zu Leipzig die Fischereigerechtigkeit, Gerichtsbarkeit über die Fischerinnung, den Fischzoll und Zinsen an verschiedenen Häusern und Vorwerken mit der Bestimmung, dass das Hospital zu St. Georg, die benachbarten Häuser, die alte Burg u. s. w. in Zukunft in die Kirche zu St. Jakobi eingepfarrt sein sollen.

1539 26. Februar † *Herzog Friedrich, Herzog Georgs Sohn.*

Herzog Georg beabsichtigt, seine Länder dem Kaiser Karl V. und König Ferdinand zuzuwenden.

Der Rath zu Leipzig setzt drei Marksäulen mit dem burgundischen Kreuze.

17. April. *Tod des Herzogs Georg.* Herzog **Heinrich**.

23. Mai. Erbhuldigung in Leipzig.

24. Mai. Dr. Martin Luther predigt in der Capelle der alten Pleissenburg.

25. Mai. Beginn der Kirchen-Reformation. Dr. Justus Jonas hält die Reformationspredigt.

27. Mai. Johann Pfeffinger hält seine erste Predigt in der Nicolaikirche.

Einrichtung des protestantischen Gottesdienstes durch Dr. Jonas, Dr. Kaspar Creuziger, Friedrich Myconius u. A.

5. Juni. Herzog Heinrich befiehlt, dass den Franciscanermönchen die Aufwiegelung des Volks gegen das Werk der Kirchen-Reformation ernstlich untersagt werde.

18. Juni. Erste deutsche Abendmahlsfeier in der Nikolaikirche.

19. und 20. Juni. Myconius und Creuziger disputiren öffentlich gegen die Dominicanermönche.

21. Juni. Der Rath zu Leipzig bittet den Herzog Heinrich um Verstattung des Abendmahls unter einer Gestalt.

Pestkrankheit.

Tumult der Studenten gegen die Leipziger Bürger.

6. August. Kirchenvisitation. Der Rath beansprucht das Patronatsrecht. Veränderung der Parochialgrenzen.
12. August. Beginn der Kirchen-Reformation bei der Universität.
16. August. M. Franz Bartzsch, Rector der Thomasschule.
13. September. Bestellung des geistlichen Ministeriums: Johann Pfeffinger, Pfarrer, M. Christian Pistorius, Diakon, und Leonhard (Neumark), Caplan an der Nicolaikirche. — M. Balthasar Loy, Pfarrer, M. Johannes Ficker, Diakon, und M. Vincentius Stange, Caplan an der Thomaskirche. — M. Georg Lyssenus, bisher Pfarrer zu St. Jakob, Prediger zu St. Georg. — Johann Cori, Prediger zu St. Johann.
Errichtung einer Mädchenschule unter einer Schulmeisterin.
Vollendung der Wasserkunst an der Pleisse.
M. Matthäus Häussler, Rector der Thomasschule.
1540 Geschlossen werden: die Peterskirche, die Frauencapelle, die Katharinencapelle, die Franciscanerkirche, die Rathhaus- und Kreuzcapelle und die Paulinerkirche.
Die überflüssigen Altäre, Reliquien, Heiligenbilder u. s. w. werden aus den Stadtkirchen entfernt.
M. Bartholomäus Heynemann, Rector der Nicolaischule.
Herzog Heinrich ernennt den Pfarrer Johann Pfeffinger zum Superintendenten der Ephorie Leipzig.
Leipziger Ausgabe der Bibelübersetzung von Dr. Martin Luther, gedruckt bei Nikolaus Wolrabe.
M. Bartholomäus Heynemann, Rector der Thomasschule. — M. Georg Zehler, Rector der Nicolaischule.
1541 Verbesserung der Feuerordnung.
Ordnung in Betreff der Begräbnissgebühren.
M. Wolfgang Pfendner, Diakon, und M. Nikolaus Herco, Subdiakon zu St. Nicolai. — M. Georg Hala, Subdiakon zu St. Thomas.
18. August † Herzog Heinrich. **Moritz,** Herzog zu Sachsen.
14. September. Erbhuldigung in Leipzig. Bestätigung der Stadt-Privilegien.
Schliessung der Nonnenkirche zu St. Georg.
1542 Georg von Bendorf, Commandant der Pleissenburg.
26. Mai. Herzog Moritz schenkt der Universität zu Leipzig 2000 Gulden jährlicher Einkünfte. — Reformation der Universität.
Die Benedictinernonnen zu St. Georg verlassen ihr Kloster.
1543 12. April. Publication der neuen Statuten der Universität und der vier Facultäten.
1. Mai. Herzog Moritz verleiht der Stadt Leipzig das Patronatsrecht.
28. Juni. Vorläufige Uebergabe des Paulinums (nebst Waldung) und der fünf Dörfer: Holzhausen, Zuckelhausen, Klein-Pösna, Zweenfurt und Wolfshain an die Universität durch Christoph von Carlowitz, Hauptmann der Pleissenburg.
Collegium der Decemvirn zur Verwaltung des Paulinums. — Einrichtung des Convictoriums.

6. August. Herzog Moritz verkauft der Stadt Leipzig das Barfüsser-, Thomaser- und Jungfrauen-Kloster zu St. Georg mit dazugehörigen Gebäuden, Dörfern (Cleuden, Sommerfeld, Hirschfeld, Baalsdorf, Melckau, Anger, Connewitz, Probstheyda, die Wehrbücher- und Melscher-Mark und Gross-Schkorlopp), Feldern, Wiesen, Hölzern, Gerichten, Lehn und Zinsen für 83,342 Gulden 11 Gr. 3 Pf.
Der Rath zu Leipzig erkauft von Andreas Pflug auf Gross-Zschocher drei Höfe in Lausen und von Wolf Bosen das Rittergut Modelwitz.
Wirth- und Gastgebeordnung. — Erneuerung des Cavetelautens, dass nach diesem Abendlauten Niemand ohne Laterne auf der Strasse gehen durfte. — Begräbnissordnung.

1544 Handwerkstaxordnung. — Armenordnung.
27. März. Der Rath zu Leipzig erkauft „die alte Burg" von den Brüdern Christoph und Moritz Preusser für 1050 Gulden.
Ausbau des Paulinums und der Paulinerkirche. — Eröffnung des Convictoriums.
22. April. Herzog Moritz schenkt der Universität das Paulinum nach der früher schon erfolgten Uebergabe.
Das Kirchspiel St. Jakob wird in die Thomaskirche eingepfarrt.
M. Maximus Göritz, Rector der Nicolaischule.

1545 Abbruch der Frauencapelle.
Begründung und Aufstellung der Universitäts-Bibliothek.
12. August. Einweihung der Paulinerkirche durch Dr. Martin Luther.

1546 Abbruch der Capelle zu St. Katharina. — Bau der Halleschen und Ranstädter Bastei.
Herzog Moritz beabsichtigt, die Stadt und Festungswerke zu erweitern. Bauten am Gerberthore.
Leipzig wird in Vertheidigungszustand gesetzt.
Tham Pflugk, Commandant der Pleissenburg. Oberst Sebastian von Wallwitz, Commandant der Stadt.
30. December. Abbrennung des Hospitals zu St. Georg und der Halleschen und Ranstädter Vorstädte.

1547 5.—27. Januar. Belagerung der Stadt Leipzig durch Kurfürst Johann Friedrich. Zerstörung der St. Johanniskirche. Abbrennung der Funkenburg und des Thonberges.
28. Januar. Dankfest in der Thomaskirche wegen Aufhebung der Belagerung. — Gedächtnissmünze.
Dr. Johann Schöffel, Bürgermeister.
M. Valentius Hartung, Diakon an der Nikolaikirche.
4. Juni. Kaiser Karl V. ernennt den Herzog Moritz zum Kurfürsten von Sachsen.
13.—23. Juli. Landtag zu Leipzig.
Erneuerung der Oberhofgerichtsordnung.

1548 *24. Februar. Kurfürst Moritz zu Augsburg feierlich belehnt.*
Leipziger Interim, wie es in Religionssachen einstweilen zu halten sei.

Andreas Wanne, Bürgermeister.
Die alte Pleissenburg und das Nonnenkloster zu St. Georg werden abgebrochen.
Wiederaufbau der zerstörten Vorstädte. Anlegung der (jetzigen Schützenstrasse, damals) Hüner- oder Hinter-Gasse.
Bau der Rosenthalbrücke.
Landtag und Theologen-Convent zu Leipzig wegen des Interim.

1549 Grundsteinlegung zur neuen Pleissenburg.
Bau der Ranstädter Bastei und der Predigerwohnungen auf dem Nicolai- und Thomaskirchhofe.
M. Erasmus Sarcerius, Pastor an der Thomaskirche.
M. Andreas Jahn, Rector der Thomasschule.

1550 Einrichtung des Consistoriums.
Kleider- und Gastereiordnung.

1551 Bau der Moritzbastei an der Stelle des Henkersthurmes.
Gesindeordnung und Handarbeitertaxe.

1552 Bau der Grimmaischen Bastei und Erneuerung der s. g. Landeskrone in der Nähe des Kornhauses.
Pestkrankheit.

1553 *11. Juli. Tod des Kurfürsten Moritz an den in der Schlacht bei Sievershausen erhaltenen Wunden.*
19. und 20. Juli. Einholung der kurfürstlichen Leiche und feierliches Leichenbegängniss in der Thomaskirche.
20. August. Kurfürst **Augustus** zur Erbhuldigung in Leipzig.
M. Georg Hala, Pastor zu St. Thomas.

1554 Erbauung und Erweiterung des Amtshauses auf dem Thomaskirchhofe.

1555 Hieronymus Lotter, Bürgermeister.
Erbauung des Nicolai-Kirchthurms und der (s. g. alten) Waage am Markte.
Neubau der Baderei am Ranstädter Thore.

1556 11. Februar. Grundsteinlegung zum Neubau des Rathhauses.

1557 Dr. Modestinus Pistoris, Bürgermeister.
4. Juni. Junker Wolf von Draschwitz und sein Knecht Hans Statzsch als Wegelagerer auf dem Markte enthauptet.
Visitation der Universität. Abschaffung der walzenden Lectionen bei der philosophischen Facultät.
18. September. Bäckertax-Ordnung eingeführt.

1558 Anordnung der Thor-Nachtwache durch die Bürger.
26. April. Kurfürst Augustus bestätigt die neuen Statuten der philosophischen Facultät.

1559 Nikolaus Volkmar, Bürgermeister.
9. Juli. Lustschiessen auf der Schlosswiese.
M. Georg Masbach, Rector der Nicolaischule.
15. December. Kaiser Ferdinand I. bestätigt die Leipziger Messen.

1560 Röhrwasserleitung aus dem Marienbrunnen bei dem Thonberge in die Stadt.
Bibliothek der Thomaskirche.

1561 24.—31. August. Vermählung der Prinzessin Anna, Tochter des Kurfürsten Moritz, mit Wilhelm von Oranien.
M. Johann Hoil, Rector der Thomasschule.
1562 Dr. Leonhard Badehorn, Bürgermeister.
Dr. Victorinus Striegel, Professor der Theologie.
M. Leonhard Wolf (Lycius), Rector der Nicolaischule.
1563 29. März wird der neu antretende Rath der Stadt Leipzig das erste Mal vom Kurfürsten bestätigt.
30. April. Kurfürst Augustus verbietet den Büchsenschützen, gezogene Büchsen bei den öffentlichen Schiessen zu gebrauchen.
4. October. Fünf Häuser im Goldhahngässchen brennen ab.
1564 Die philosophische Facultät erlangt die Freiheit, bei ihren Promotionen den Procanzler selbst zu wählen.
1565 Dr. Heinrich Salmuth, Pastor zu St. Thomas.
6. October. Brand des äusseren Thurms am Halleschen Thore.
25. October. Musterung der bewaffneten Bürger. Ihre Zahl betrug damals 1796.
1566 Dr. Victorinus Striegel als Calvinianer seiner Professur entsetzt.
Hieronymus Rauscher, auf kurfürstlichen Befehl zum Bürgermeister ernannt.
Peter Caesar, Commandant der Pleissenburg.
Anordnung von täglichen Betstunden wegen der Türkengefahr.
Hochzeit-Ordnung.
An der Pest starben damals 760 Personen.
1567 25. April. Enthauptung des Studenten Georg Goldstein, weil er und drei andere Studenten dem Wittenberger Apotheker Kaspar Pfreund 3600 Gulden hatten erpressen wollen.
M. Sebastian Rösler, Rector der Nicolaischule.
Unter den 1350 Verstorbenen dieses Jahres wurden 899 Pestkranke gezählt.
1568 Neubau des Halleschen Thores.
1569 21. März wird die neue Fischer-Ordnung publicirt.
Katharina geborne Schlüsselfelder, Wittwe des Baumeisters Konrad Krell (Kunz-Kreller genannt), stiftet die Sonnabendspredigt in der Thomaskirche.
23. April wird die erste Sonnabendspredigt von M. Balthasar Schneider gehalten.
Verbesserung der Feuerordnung.
Bau des Lazareths oder des jetzigen Jakobs-Hospitals.
1570 Bernhard von Kreuz verkauft die Stadt Taucha an den Rath zu Leipzig für 15000 Gulden.
1571 Georg Richter, Commandant der Pleissenburg.
1572 14. Februar. Brand der Sachsenburse im grossen Fürsten-Colleg.
Bau des Burgkellers mit der Trinkstube, den Brodbänken, Garküchen u. s. w.
1573 11. Januar. Brand der Rossmühle auf der Ritterstrasse.
Dr. Heinrich Salmuth, Pastor zu St. Thomas, wird Superintendent.

Dr. Wolfgang Harder, Pastor zu St. Nicolai.
Hieronymus Rauscher verdrängt die Doctoren der Rechte aus dem Raths-Stuhle.
Wiederaufbau der Rossmühle.
1574 16. Juli. *Dr. Georg Crakau, kurfürstlicher Kammerrath, als Kryptocalvinist gefangen in die Pleissenburg gebracht.*
6. November. Erneuerung des Schöppenstuhls zu Leipzig als kurfürstliche Spruchbehörde.
M. Johann Oettwein, Rector der Nicolaischule.
1575 Georg Richter, Hauptmann auf der Pleissenburg, wegen Begünstigung des Dr. Crakau nach schimpflicher Bestrafung des Landes verwiesen.
Ausbau des Marstalls auf dem neuen Neumarkt.
Dr. Georg Rothe erbaut das s. g. Fürstenhaus auf der Grimmaischen Gasse.
Heinrich von Leutzsch verkauft sein Rittergut Grasdorf mit Portitz und Cradefeld für 20500 Gulden an den Rath zu Leipzig.
1576 26. Mai. Professor Dr. Andreas Freyhub, angeblich geheimer Calvinist, wird verhaftet und später des Landes verwiesen.
Dr. Nicolaus Selneccer, Pastor an den Thomaskirche und Superintendent.
Nikodemus von der Eiche, Commandant der Pleissenburg.
1. August. *Dietrich von Spiegel und Dr. Kaspar Peucer, des Kryptocalvinismus beschuldigt, werden von Rochlitz nach Leipzig gebracht und in die Pleissenburg gefangen gesetzt.*
Visitation der Universität wegen der heimlichen Calvinisten. — Der Arzt Dr. Simon Simonius macht Reform-Vorschläge.
1577 Wolfgang Peiligke, Bürgermeister.
Bau des Grimmaischen Thores und des Schuldthurmes.
1578 Peter Bucher, Bürgermeister.
Bau der Fleischbänke.
Das Hintergebäude des Paulinums am Zwinger wird ausgebaut und zu Studentenwohnungen eingerichtet.
1579 Paul Frankenstein, Bürgermeister.
Anlegung des Flossholzhofes.
6. Juli. Eröffnung des Flossholzhofes.
1580 Christoph Lindacher verkauft dem Rathe zu Leipzig das Dorf Crottendorf für 748 Gulden.
Ein Herr von Hahn auf Klein-Zschocher verkauft Gross-Miltitz an den Rath zu Leipzig auf Wiederkauf.
Die Schützenbrüderschaft trennt sich in zwei Gesellschaften, in Rüstungschützen und Büchsenschützen.
Der s. g. spanische Pips grassirt in Leipzig. Erweiterung des Johanniskirchhofs.
Reformation der Universität.
Rastrum, das Leipziger Stadtbier, wird zuerst gebraut.
1581 Bestätigung der Schützenartikel.
Das Current-Singen der Thomas-Schüler wird angeordnet.

Erbauung des goldenen Brunnens auf dem Markte.
1582 Erbauung des Schiesshauses vor dem Ranstädter Thore.
12 September. Grundsteinlegung zum Neubau der St. Johanniskirche.
1583 Bau der Predigerhäuser zu St. Thomas an der Burgstrasse.
11. April. Musterung der Bürgerschaft. 1787 bewaffnete Bürger werden gezählt.
31. Mai. Tobias von Ponikau verkauft dem Rathe zu Leipzig das Rittergut und Dorf Wachau für 1800 Gulden.
1584 Andreas Sieber, Bürgermeister.
1585 7. Januar. Einweihung der St. Johanniskirche.
1586 *8. Februar. Dr. Kaspar Peucer erlangt nach zwölfjähriger Gefangenschaft seine Freiheit.*
11. Februar. † Kurfürst Augustus. **Kurfürst Christian I.**
10. Mai. Erbhuldigung in Leipzig.
1587 Visitation der Universität.
Erneuerung der Fleischertaxe.
1588 Reinhard Bachofen, Bürgermeister.
Reformation der Universität.
Erbauung des Schiesshauses für die Büchsenschützen vor dem Petersthore.
Heinrich von Ryssel begründet die Gold- und Silbermanufacturen in Leipzig.
1589 11. Mai. Brand der Gasthöfe zum Blumenberg und zur Krone auf der grossen Fleischergasse.
Dr. Nikolaus Selneccer, ein eifriger Gegner der Calvinisten, erhält seine Entlassung. Dr. Wolfgang Harder wird Superintendent.
25. Juni. Kurfürst Christian I. ernennt den Hofrath Dr. Nikolaus Krell zu seinem Kanzler.
Bau des Halleschen Pförtchens.
M. Christoph Heiligmeier, Rector der Nicolaischule.
1590 Der Rath zu Leipzig lässt wegen Wassermangel zwei Windmühlen bauen.
Christoph Gundermann, Pastor an der Thomasschule.
1591 *Abschaffung des Exorcismus bei der Taufe.*
25. September. Tod des Kurfürsten Christian I. **Kurfürst Christian II.** *unter Vormundschaft des Herzogs* **Friedrich Wilhelm**, *Administrators der kursächsischen Länder.*
15. November. Dr. Christoph Gundermann als Calvinist in Haft auf die Pleissenburg gebracht.
1592 Georg Weinreich, Pastor an der Thomaskirche.
4. März. Brand der Hospitalwohnung zu St. Johann.
18. März. Entlassung des Superintendenten Dr. Wolfgang Harder.
21. März. Erbhuldigung in Leipzig.
20. Mai. Dr. Christoph Gundermann gegen Revers in Freiheit gesetzt.
3. Juli. Georg Blanckens Erben verkaufen das Rittergut Wahren und Stameln an den Rath zu Leipzig für 23000 Gulden.

23. Juli. Visitation der Kirchen und Schulen wegen der geheimen Calvinisten.
1. October. Bürgermeister Reinhard Bachofen, Rathsherr Henning Grosse, Professor Dr. Johann Knaut und viele Andere werden ihrer Aemter entsetzt.
6. October. Verbot calvinischer Bücher.

1593 19. Mai. Aufstand wegen der Calvinisten. Sturm auf Adolph Weinhausens Wohnung am Markte, Verwüstung und Plünderung. Weinhausen entrinnt der Lebensgefahr nur durch die List, womit Sara, die muthige Tochter des Dr. Reiffschneider, dem Gefährdeten zur Flucht verhilft.
24. Mai. Herzog Friedrich Wilhelm befiehlt dem Rathe ernstliche Untersuchung und Bestrafung des Aufstandes.
1. Juni. Die Haupttheilnehmer am Aufstande, der Maurer Georg Hempel, der Kürschner Ambrosius Barth, der Teichgräber Hans Winzer und der Zimmergesell Urban Göttner, werden hingerichtet.
20. Juni. Herzog Friedrich Wilhelm verordnet Sicherheit und freies Geleit in Leipzig für die fremden Kauf- und Wandersleute.
27. Juni. Dr. Peter Rothens Vorwerk, das Calvinisten-Vorwerk genannt, wird niedergebrannt und heisst seitdem das „Brandvorwerk".

1594 Dr. Sigismund Badehorn, Bürgermeister.
6. März. Herzog Friedrich Wilhelm bestätigt die erneuerten Statuten der philosophischen Facultät.
Georg Weinreich wird Superintendent.
16. April. Herzog Friedrich Wilhelm verordnet, dass die für das Convictorium der Universität ausgesetzten 700 Scheffel Korn richtig geliefert werden.
Cornelius Becker, Pastor zu St. Nicolai.
Sethus Calvisius, Cantor an der Thomasschule.
Gastwirthsordnung. Die Gastwirthe werden zur Anzeige der einkehrenden Fremden verpflichtet.

1595 Der Rath zu Leipzig verbietet das s. g. Brautschauen.
Bestellung eines Botenmeisters mit 30 Boten zur Beförderung des brieflichen Verkehrs. Martin Lange, Botenmeister.
Der Schuldthurm am Burgkeller empfängt den Namen „Spindlerthürmchen" nach einem gewissen Spindler, welcher Schulden halber zuerst diesen Thurm beziehen musste.

1596 Dr. Johann Mönch, Ordinarius der Juristenfacultät, wird Bürgermeister.

1597 Dr. Daniel Schönberr, Bürgermeister.
Die Nikolaikirche erhält eine Bibliothek und eine neue Orgel.
Neubau der Nicolaischule.

1598 Jakob Griebe, Bürgermeister.
Bau eines Schiesshauses am Thomaszwinger.
Juli bis November. Pestkrankheit. Der Rath erlässt eine Pestordnung.
Unter 1712 Verstorbenen befanden sich 825 Pestkranke.

1599 Gallus Bothe, Botenmeister.
Erneuerung des Rathhauses. Der Thurm erhält ein neues Uhrwerk mit dem Mondwechsel.
1600 Abraham Lamberg gibt ein Mess-Bücherverzeichniss heraus.
4. April. Herzog Friedrich Wilhelm bestätigt dem Rathe zu Leipzig das Patronatsrecht.
19. Juni. Auf dem Neumarkte brennen drei Häuser ab.
1601 26. Januar. Herzog Friedrich Wilhelm verordnet, dass der Rath zu Leipzig wegen Bestellung der Kirchen- und Schuldiener dem Abschiede vom 4. April 1600 gemäss sich verhalten solle.
20. Juli. Der Rath erlässt eine Tumult-Ordnung und bestellt Rottmeister über je 13 Häuser.
23. September. *Kurfürst* **Christian II.** *tritt seine Selbstregierung an.*
9. October. *Enthauptung des Kanzlers Dr. Nikolaus Krell zu Dresden.*
23. November. Kurfürst Christian II. lässt durch Commissarien den Huldigungs-Eid in Leipzig abnehmen.
1602 20. April. Bürgermeister Dr. Daniel Schönherr wird seiner Aemter entsetzt und zu einer Geldstrafe von 4000 Thalern verurtheilt, weil auf seinen Antrieb der Rath sich von der Theilnahme an dem Processe gegen den Kanzler Krell lossagte.
Johann Peiligke, Bürgermeister.
1603 Johann Seidel, Bürgermeister.
1604 Dr. Theodorus Möstel, Bürgermeister.
Vincentius Schmuck, Pastor an der Nicolaikirche.
1605 Stiftung der Sonnabendspredigten in der Nicolaikirche.
Valentin Silbermann baut den Altar in der Nicolaikirche.
1606 Leonhard Oelhaff, Bürgermeister.
21. Juni. M. Johann Eigner hält die erste Sonnabendspredigt in der Nicolaikirche.
1607 Oswald aus dem Winkel auf Brandis verkauft das Rittergut Cunnersdorf und Panitzsch an den Rath zu Leipzig für 18500 Gulden.
M. Johann Friderich, Rector der Nicolaischule.
Die Todtenliste zählt 1184 Verstorbene.
1608 4. Februar. Der Rath zu Leipzig erlässt eine Botenordnung. — Franz Peiligke, Botenmeister.
29. August. Bei der Musterung der Bürgerschaft werden 1844 bewaffnete Bürger gezählt.
1609 Verbot der Fastnachtsmummereien.
4. December. 200jähriges Jubelfest der Universität.
1610 27. August. Musterung der Bürgerschaft. Man zählte 1664 bewaffnete Bürger.
1611 Die Nicolaischule erhält eine Schulordnung.
17. Februar. Die Peiligk'sche Spende wird zum ersten Mal an 1444 Arme vertheilt.

23. Juni † *Kurfürst Christian II. Kurfürst* **Johann Georg I.**
18. September. Erbhuldigung zu Leipzig.
1612 Kaspar Gräfe, Bürgermeister.
Kramer-Innung.
1613 Einrichtung eines Postamts. — Johann Sieber, erster Postmeister.
1. October. Vier Häuser vor dem Halleschen Pförtchen brennen ab.
1614 7. Juli. Musterung der Leipziger Defensioner in Eilenburg.
1615 Dr. Paul Calenberger, Bürgermeister.
Der Wollmarkt wird aus der Katharinenstrasse auf den Neumarkt verlegt.
Neuer Weg ausserhalb der Ringmauer zwischen dem Barfuss- und Thomas-Pförtchen.
Johann Hermann Schein, Cantor an der Thomasschule.
1616 Erweiterung des Johanniskirchhofes. Es gab in diesem Jahre 1046 Verstorbene.
Verbesserung der Feuerordnung.
1617 Dr. Polykarp Leyser, Pastor an der Thomaskirche.
16. März. Die Universität erlässt eine Gerichts-Processordnung.
24. Juli. Die Funkenburg bei dem Thonberge wird vom Blitze angezündet.
Dr. Vincentius Schmuck, Pastor zu St. Nicolai, wird Superintendent.
31. October bis 2. November. Hundertjähriges Reformationsjubelfest.
Leipzig zählt 15136 Einwohner.
1618 26. Mai. Eine Collecte zur Aufbauung einer lutherischen Kirche im Herzogthum Jülich ergibt 1100 Gulden.
1619 Beginn des Kipper- und Wipper-Unfugs.
1620 Friedrich Meyer, Bürgermeister.
Christoph von Schlick verkauft den Sattelhof zu Dewitz an den Rath zu Leipzig für 7500 Gulden.
1621 24. Januar. Der Rath erlässt eine Trinkstuben-Ordnung.
Ernst Mossbach, Bürgermeister.
Siebenzehn Kipper und Wipper werden gefänglich eingezogen. Blech- und Ledermünzen kommen in Umlauf.
Der Rath lässt in der nachmaligen Breyhan-Brauerei vor dem Ranstädter Thore neue Scheidemünzen schlagen.
8. September. Der Rath gibt Erlaubniss, Landbrod auf den Markt zu bringen. Theuerung.
12. November. Brand des Gasthofs zur Eule auf dem Brühl.
1622 25. April. Neue Untersuchung des Kipper- und Wipper-Unfugs.
Der Reichsthaler wird bis zu eilf Gulden ausgegeben. Steigerung der Preise.
1623 22. Mai. Kurfürst Johann Georg I. erlaubt dem Rathsherrn Enoch Pöckel, ein Ballhaus zu erbauen, zu Uebung des Raquet-Spiels.
Neue Münz- und Tax-Ordnung.
Die Einwohnerzahl Leipzigs beträgt 17312.

1624 8. März. Aufrichtung der **Fraternität der Notare**.
Der Rath verkauft die Badstube bei der Thomasmühle an den Bader Friedrich Werner für 2200 Thaler.
M. Christian Lange, Diakon zu St. Nicolai, errichtet das montägige Prediger-Collegium.
17. October. Die Studenten zerstören die Glückstopf-Bude, worin ein auf 17000 Gulden geschätzter Glückstopf gehalten worden war.
1625 4. Februar. Die verbesserten **Innungs-Artikel der Tuchmacher** werden bestätigt.
4. März. Kurfürst Johann Georg I. begnadigt die Stadt Leipzig mit zwei Ross- und Viehmärkten.
Im April wird zuerst ein Weizenbier unter dem Namen Breyhan gebraut.
Die Universität erlässt neue Convict-Gesetze.
26. Juni. Patent gegen den Kleider-Luxus.
22. September. Erster Ross- und Viehmarkt.
25. October. Zweiter Ross- und Viehmarkt.
1626 14. April. Erste **Freitags-Busspredigt**.
Pestkrankheit. Zahl der Verstorbenen: 1268. Leipzigs Bevölkerung beträgt 14496 Einwohner.
9. December. Die Innungs-Ordnung der Schlosser, Sporer, Büchsen- und Windenmacher und Nagelschmiede wird bestätigt.
1627 Wiederherstellung der grossen **Orgel** in der Paulinerkirche. — M. Bartholomäus Meyer, Rector an der Thomasschule.
Errichtung des Trillerschen Freitisches im Universitäts-Convict.
1628 *Einführung der Fleischsteuer.*
Dr. Polykarp Leyser, Pastor an der Thomaskirche, Superintendent.
Dr. Johann Höpner, Pastor an der Nicolaikirche.
November. Theologen-Convent. Abfassung einer Schutzschrift für die Augsburgische Confession gegen die Jesuiten.
1629 *6. März. Kaiser Ferdinand II. erlässt das Restitutions-Edict.*
1630 M. Thomas Lebzelter, Rector der Nicolaischule.
Dr. Adam Horr, Bürgermeister.
11. April. Theologen-Convent wegen der jesuitischen Schmähschriften. Abfassung der Hauptvertheidigung der Augsburgischen Confession und des Religionsfriedens.
25.—27. Juni. Jubelfest der Uebergabe der Augsburgischen Confession.
28. Juni — 9. Juli. Jubelfeierlichkeiten wegen der Augsburgischen Confession bei der Universität.
M. Zacharias Schneider, Rector der Nicolaischule.
1631 *6. Februar — 2. April. Fürsten-Convent wegen des Restitutions-Edicts.*
19. Februar. Der Rath verbietet auf kurfürstlichen Befehl die Fastnachtsmummereien.
3. März. Convent lutherischer und reformirter Theologen zu einer wünschenswerthen Annäherung und Vereinigung beider Kirchen.

General Tilly nähert sich Leipzig und fordert Proviant und Quartier. Beides verweigert die Stadt.
3. September. Tilly trifft Vorbereitungen zur Belagerung.
4. September. Die Vorstädte, die Gerbergasse, das Hospital zu St. Georg, der Peters-Schiessgraben, die Wasserkunst, die Nonnenmühle u. s. w. werden abgebrannt.
5. September. Leipzig ergibt sich an Tilly.
6. September. Tilly besetzt die Stadt mit 1000 Mann.
7. September. Der Hauptmann Johann Vopelius übergibt die Pleissenburg. *Schlacht bei Breitenfeld.*
13. September. Wiedereroberung Leipzigs durch Kurfürst Johann Georg.
28. September. Kurfürst Johann Georg versichert der Stadt wegen voreiliger Uebergabe Vergessenheit und fernere Gnade.
10. December. Der Rath erlässt eine verbesserte Wacht-Ordnung.
16.—29. December. Anwesenheit der Königin von Schweden, der Gemahlin Gustav Adolphs, in Leipzig.
In diesem Jahre starben 1754 Personen, 1251 mehr, als geboren wurden.

1632 Leipzig in grosser Furcht vor Pappenheim und dem Herzog von Friedland.
Pestkrankheit besonders verheerend im Monat August.
7. *September. Dankfest zur Erinnerung an den Sieg bei Breitenfeld.*
16. October. Der Herzog von Friedland besetzt die Gegend um Leipzig und bedroht die Stadt.
18. October. Aufforderung zur Uebergabe der Stadt.
19. October. Leipzig eingeschlossen und zur Uebergabe abermals aufgefordert. Das Vorwerk des Dr. Bartholomäus Göllnitz am s. g. Egelspfuhl wird niedergebrannt.
22. October. Uebergabe der Stadt an den kaiserlichen Feldmarschall-Lieutenant Heinrich Holcke.
23. October. Beschiessung der Pleissenburg. — Der Commandant Johann Vopelius capitulirt.
24. October. Holcke fordert 50000 Thaler und erhält 35000 Thlr. baar, 15000 Thlr. aber in einer Schuldverschreibung.
6. *November. Schlacht bei Lützen.*
7. *November. Der kaiserliche General Pappenheim stirbt zu Leipzig an den bei Lützen erhaltenen Wunden.*
8. November. Die Kroaten zünden bei ihrem Abzuge das Flossholz vor dem Petersthore an. 500 Klaftern verbrennen.
10. November. Wiedereinnahme der Stadt Leipzig durch die Sachsen.
11. November. Belagerung der Pleissenburg. Melchior Moser, kaiserlicher Commandant, vertheidigt sich hartnäckig.
3. December. Uebergabe der Pleissenburg. Abzug der Kaiserlichen.
Die Zahl der Verstorbenen dieses Jahres betrug 2789, wovon die Pestkrankheiten 1390 Personen hinrafften.

1633 25. Januar. Oberst-Lieutenant Christoph von Trandorf, Commandant der Pleissenburg.
6. Februar. Johann Vopelius, gewesener Hauptmann der Pleissenburg, wird nach Kriegsrecht zu Dresden enthauptet.
12. August. Beschiessung und abermalige Einnahme Leipzigs durch den kaiserlichen General-Feldmarschall Graf Holcke. Contribution und Plünderung.
14. August. Brand von 64 Häusern auf der Quergasse und dem s. g. Hahnekamm.
16. August. Aufbruch der Kaiserlichen.
20. August. Wiederbesetzung der Stadt durch die Sachsen.
Dr. Johann Höpner, Pastor an der Nikolaikirche, wird Superintendent.
Dr. Christian Lange, Pastor an der Thomaskirche.
Unter 1445 Verstorbenen dieses Jahres waren wieder 761 ein Opfer der Pestseuche.
Die Einwohnerzahl wird auf 12360 Personen angegeben.
1634 Die Thomasschule erhält eine verbesserte Schulordnung.
Der Rath und die Universität erlassen eine neue Kleider-Ordnung.
Jakob König, ein Rothgiesser von Erfurt, giesst für die Nikolaikirche die grosse Glocke, 114 Centner schwer, und für die Thomaskirche die s. g. Mönchsglocke.
20. December. Der Rath veröffentlicht die kurfürstliche Bestätigung des Bierzwanges.
1635 29. April. Brand von 6 Häusern auf dem Barfüsser-Kirchhof.
30. Mai. Prayer Separatfriede.
1636 Dr. Sigismund Finckelthaus, Ordinarius der Juristenfacultät.
Dr. Johann Zabel, Bürgermeister.
August. Wiederausbruch der Pestseuche.
24. September. Schlacht bei Wittstock.
10. December. August Adolph von Trandorf, kursächsischer Obrist, Commandant der Stadt Leipzig. Er trifft Vertheidigungs-Anstalten, als Johann Banner, schwedischer Feldmarschall, die Stadt bedroht.
In diesem Jahre starben 1218 Personen, 696 mehr als geboren wurden.
1637 2. Januar. Feldmarschall Banner fordert Uebergabe der Stadt, wird aber abschläglich beschieden.
19. Januar — 6. Februar. Belagerung der Stadt.
7. Februar. Die Schweden ziehen ab.
29. Februar. Dankfest für Errettung der Stadt.
Abraham Teller wird Rector der Thomasschule.
5. April. Der Kleiderluxus abermals verboten.
Viele Landleute und Einwohner aus Wurzen flüchten sich nach Leipzig.
Juli. Die Pest bricht wieder aus. Innerhalb 3 Monaten starben 2500 Personen.
Leonhard Schwendendörfer, Bürgermeister.

27. October. Der Rath verbietet das Schiessen, Raketenwerfen etc. in der Stadt.
In diesem Jahre wurden 4229 Personen begraben. Die Zahl der Getauften betrug nur 687.
1638 Der Rath zu Leipzig erlässt eine Bettler-Ordnung.
M. Johann Hornschuch, Rector der Nikolaischule.
Christian Eulenau, Bürgermeister.
1639 Joachim von Schleinitz, kursächsischer Obrist, Commandant der Stadt Leipzig.
Theurung und Hungersnoth.
12. März. Austheilung der Reiffschneider'schen Spende an 2268 Arme.
2. Juni. Hundertjähriges Reformations-Jubelfest.
9. Juni. Beginn der bis dahin verlegten Ostermesse.
12. August. Reformations-Jubelfest der Universität.
Dr. Sigismund Finckelthaus, Ordinarius, wird Bürgermeister.
1640 24. Juni. Zweihundertjähriges Jubelfest der Erfindung der Buchdruckerkunst.
Stiftung des donnerstägigen Prediger-Collegiums.
M. Georg Cramer, Rector der Thomasschule.
1641 Einführung einer Accise für die Waaren fremder Kaufleute.
Antonius Unruhe, Accis-Inspector.
11. Juli. Torstensohn, schwedischer Feldmarschall, verbietet den Zeitungsschreibern Moritz Pörner und Georg Kormart den Zeitungsdruck.
11. November. Einweihung des wiederhergestellten Petriner-Collegiums.
1642 31. Juli. Das Verbot des Kleiderluxus wird von Neuem eingeschärft.
18.—22. October. Leonhard Torstensohn belagert Leipzig.
23. October. *Schlacht bei Breitenfeld.* Torstensohn kehrt vor Leipzig zurück und setzt die Belagerung der Stadt fort. Muthvolle Vertheidigung der Stadt.
26. November. Christoph von Trandorf übergibt ohne Wissen der Bürgerschaft die Pleissenburg an Torstensohn.
27. November. Uebergabe der Stadt an die Schweden durch Joachim von Schleinitz, während gepflogener Verhandlungen.
28. November. Die Schweden besetzen Schloss und Stadt; die Plünderung muss mit 130000 Thalern losgekauft werden.
General-Major Axel Lilie, Ober-Commandant der Stadt Leipzig und der Pleissenburg. — Oberst Schulmann, Unter-Commandant.
Joachim von Schleinitz und Christoph von Trandorf kommen wegen Leipzigs schimpflicher Uebergabe in Arrest und gefängliche Haft.
In diesem Jahre starben 1074 Personen.
1643 6. Januar. Schwedischer Gottesdienst in der Paulinerkirche.
20. Januar. Torstensohn befiehlt, über die Sicherheit der Strassen zu wachen.

Wiederherstellung der Wasserkunst bei der Nonnenmühle.
19. März. Schwedischer Gottesdienst in der Peterskirche.
Erneuerung der Kleider-Ordnung.
Der Stadt-Commandant lässt eine Consumtions-Accise erheben zur Auslohnung der Festungsarbeiter.
Daniel Dickpaul, von den Schweden zum Postmeister ernannt.
Bürgerausschuss unter dem Namen der „Sechsziger" zur Vereinnahmung der schwedischen Contribution.
August bis December. Pestkrankheit. Die Zahl der Verstorbenen dieses Jahres betrug 1034.
Friedrich Hildebrand, Accis-Inspector.

1644 13. October. Torstensohn erneuert den Befehl vom 20. Januar 1643 zu Gunsten des Leipziger Handels-Verkehrs.

1645 2. Januar. Der Rath zu Leipzig verordnet die Abschaffung der Missbräuche bei den Häuser-Subhastationen.
August. Waffenstillstand zwischen Kursachsen und Schweden.

1646 Dr. Christian Lange, Pastor an der Thomaskirche, wird Superintendent.
Professor Dr. Johann Hülsemann, Pastor an der Nikolaikirche.
Leonhard Herrmann, Bürgermeister.

1647 Masernkrankheit.
24. April. Erlass einer Handarbeiter-Taxe.
27. April. Der Rath verordnet die richtige Anmeldung der Waaren bei der Waage.
Major Sachse, Commandant der Pleissenburg.
Dr. Friedrich Kühlewein, Bürgermeister.

1648 12. Januar. Obrist-Lieutenant Wolfgang Meurer überlässt der Universität das „Fürstenhaus".
Einführung der Fasten-Examina.
Juni. Frieselkrankheit.
Neubau des Vordergebäudes der Thomasmühle und der Lazarethkirche.
14. October. Westphälischer Friede, geschlossen zu Osnabrück.
Der 30jährige Krieg kostete der Stadt Leipzig 1,075280 Thlr.
3. December. Dankfest wegen des geschlossenen Friedens.

1649 1. Januar. Dankfest der schwedischen Besatzung in der Thomaskirche wegen des geschlossenen Friedens.
18. April. Bekanntmachung der neuen Feuerordnung.
Die Ostermesse wird bis zum Trinitatisfeste verschoben.
Der Bürgerausschuss der „Sechsziger" wird aufgelöst.

1650 Die Accise kommt wieder unter sächsische Verwaltung. Konrad Kleinhempel, kursächsischer Accis-Inspector.
30. Juni. Die Schweden übergeben die Stadt Leipzig und die Pleissenburg an Kursachsen. Christoph Mühlbach, Postmeister.
1. Juli. Abzug der Schweden. — Hauptmann Basilius Tittel, Commandant der Pleissenburg.
21. Juli. Friedensfest.
Jakob Metzner, Bürgermeister.

21. October. Die Studenten geben ein musikalisches Schauspiel auf dem Markte.
1651 Leipzig erhält neue Befestigungswerke, weshalb die Saugasse vor dem Grimmaischen Thore abgebrochen wird.
30. September. Kurfürst Johann Georg I. bestätigt der Stadt Leipzig die Stapelgerechtigkeit.
Erneuerung des Hochgerichts.
1652 6. April. Kurfürst Johann Georg I. bestätigt die Leipziger Vormundschaftsordnung vom Jahre 1595 zu Abschaffung eingetretener Missbräuche.
Neubau der Angermühle.
Erneuerung der im Jahre 1638 erlassenen Bettlerordnung.
David von Döring verkauft dem Rathe zu Leipzig die Stadt Taucha und dazu gehörige Ortschaften.
1653 Dr. Georg Tobias Schwendendörfer, Ordinarius.
Bestätigung der erneuerten Innungsordnung der Tischler und Büchsenschäfter.
1654 25. Juli. Die Kramer-Innung erkauft Friedrich Pfretzschners Haus für 1500 Gulden zu einem Kramerhause.
1655 Erbauung der Schlachthöfe vor dem Barfuss-Pförtchen.
Dr. Christoph Pinkert, Bürgermeister.
25. September. *Hundertjähriges Jubelfest wegen des Augsburger Religionsfriedens.*
1656 *Verbot des Pennalwesens bei der Universität.*
8. October. Tod des Kurfürsten Johann Georg I. **Kurfürst Johann Georg II.**
1657 30. September. Erbhuldigung zu Leipzig.
Abraham Teller, Pastor an der Thomaskirche.
Sebastian Knüpfer, Cantor an der Thomasschule.
1658 17. November. Brand der Färberei, zum Blumberge genannt, am Ranstädter Thore.
Dr. Martin Geyer, Pastor an der Thomaskirche.
1659 4. März. Fünf Häuser auf der Johannisgasse brennen ab.
Christian Lorenz von Adlershelm, Bürgermeister.
1660 21. Juli. Kurfürst Johann Georg II. erneuert und bestätigt das s. g. Markt-Rescript über die Wechselhaft vom 25. Juli 1621.
Dr. Johann Hülsemann, Pastor an der Nikolaikirche, wird Superintendent.
1661 *20. März. Kurfürst Johann Georg II. befiehlt die Abschaffung des Pennalwesens bei der Universität.*
7. November. Brand auf der Fleischergasse, wodurch 9 Häuser mehr oder minder in Asche gelegt werden.
Neue Gasterei- und Kleiderordnung.
Dr. Martin Geyer, Pastor an der Thomaskirche, Superintendent.
1662 Philipp Jünger, Accis-Inspector.
Dr. Samuel Lange, Pastor an der Nikolaikirche.
1663 Dr. Paul Wagner, Bürgermeister.
1. September. Kurfürst Johann Georg II. verkauft der Stadt Leipzig das Rosenthal für 15000 Thaler.

Erneuerung der Nikolaikirche im Innern.
Friedrich Rappolt, Rector an der Nikolaischule.
1664 Die Gasterei- und Kleiderordnung wird erneuert.
1665 Dr. Samuel Lange, Pastor an der Thomaskirche und Superintendent.
Dr. Elias Sigismund Reinhardt, Pastor zu St. Nicolai.
1666 Vertrag zwischen dem Rathe und der medicinischen Facultät wegen Lieferung der Leichname hingerichteter Personen zur Anatomie.
Wiederherstellung und Erhöhung des Schlossthurmes.
1667 Dr. Elias Sigismund Reinhardt, Pastor zu St. Nicolai, wird Superintendent.
Johann Ullrich Mayer, Pastor an der Thomaskirche.
1668 Erbauung des Goorgenhauses an das Kohlgärtnerthor.
1669 11. Juli. Erlass einer Kindtauf-Ordnung.
Justus Christian Amlung erbaut neben dem Peters-Schiessgraben die s. g. Amlungsburg, die Münzstätte des Bergraths Johann Zippel.
1670 Des Bergraths Zippel Münzstätte in der Amlungsburg wird geschlossen.
Die Nikolaikirche wird mit Quadersteinen gepflastert und um den Altarplatz verziert.
Dr. Georg Lehmann, Pastor an der Nikolaikirche und Superintendent.
M. Jakob Thomasius, Rector an der Nikolaischule.
12. September. Buchhändler Christian Kirchner hält die erste Bücherauction.
Neubau der Nonnenmühle und der Wasserkunst.
1671 Bau des Ravelin und Walls am Grimmaischen Zwinger.
Ausbesserung des Thomasthurmes und Errichtung des Portals am Johanniskirchhofe durch Valentin Silbermann.
1672 22. Februar. Musterung der Bürgerschaft. Man zählte 1801 bewaffnete Bürger.
Ausbesserung und Erneuerung des Rathhauses.
3. September. Kurfürst Johann Georg II. bestätigt dem Rathe zu Leipzig die statutarische Bestimmung über die Erbfolge der Gerade.
11. November. Bestätigung der neuen Kramer-Ordnung.
1673 Bau der Befestigungswerke am Gerberthore.
Erneuerung der Polizei- und Kleiderordnung.
1674 Daniel Kraft aus Dresden errichtet eine Seidenmanufactur in Leipzig.
30. December. Brand des Hinterhauses in Rothhaupts Hofe.
1675 Verlegung der Hauptwache aus dem Ranstädter- in das Grimmaische Thor.
1676 M. Jakob Thomasius, Rector der Thomasschule. M. Johann Gottfried Herrichen, Rector der Nikolaischule.
Den ausstehenden Aerzten werden die marktschreierischen Hanswürste und Possenreisser verboten.

Ausbesserung der Befestigungswerke.
1677 Begründung der **Raths-Bibliothek** durch das Büchervermächtniss des Rathsherrn **Ulrich Gross**.
Bekanntmachung der erneuerten **Fleischer-Ordnung**.
Johann Schelle, Cantor an der Thomasschule.
25. November. Auf der Windmühlengasse brennen 6 Häuser ab.
1678 30. Mai. Grundsteinlegung zum Bau der **Handelsbörse** auf dem Naschmarkte.
1679 Jakob Born, Bürgermeister.
Dr. Johann Benedict Carpzow, Pastor an der Thomaskirche.
13. October. Eröffnung der **Handelsbörse**.
Die Zahl der Einwohner Leipzigs wird zu 19936 Personen berechnet.
1680 Neubau des **Lazareths** oder **Hospitals zu St. Jakob**.
Annahme von vier Schutt-Kärrnern zur Reinigung der Strassen.
Revision der **Pestordnung**.
Vergrösserung der Predigerwohnungen zu St. Nicolai.
6. und 7. Juni. Starke Donner- und Hagelwetter.
Verbot des Schweinehaltens innerhalb der Stadt.
15. Juni. Der Rath erlässt eine **Bücher-Auctionsordnung**.
Annahme verpflichteter **Thor-Aufpasser**.
10. Juli. Verbot der Kleider-Trödelei und Anordnung von Vorsichtsmassregeln wegen herannahender Pest.
August. Ausbruch der **Pest-Seuche**.
15. August. Errichtung eines Sanitäts-Collegiums mit Annahme besonderer Pest-Aerzte und Chirurgen, Pestpriester, Pestnotare, Pestschliesser, Leichenträger, Leichenfuhrknechte u. s. w. Vermehrung des Lazareth-Dienstpersonals. Der dadurch nöthig gewordene Aufwand von Seiten der Stadt betrug über 40000 Gulden.
22. *August † - Kurfürst Johann Georg II.* *Kurfürst* **Johann Georg III.**
15. September. Stiftung der „**Vertrauten Gesellschaft**".
Erweiterung des Johanniskirchhofes.
Abschaffung des **Heilige Christ-Spiels**.
In diesem Jahre starben 3212 Personen, darunter waren 2318 Pestkranke aus 288 Häusern.
Die Zahl der Einwohner betrug zu Ende des Jahres nur 17440 (in 1267 Wohnhäusern).
1681 Die Pest hört auf. Reinigung der angesteckten Häuser.
30. Januar. Dankfest wegen überstandener Pest.
14. März. Bekanntmachung wegen Wiederherstellung des freien Verkehrs.
Mai. Der Rath befiehlt die **Abschaffung der Schindeldächer**.
7. Juni. Der Bürgermeister Dr. Jakob Born wird Ordinarius der Juristenfacultät.
22. Juni. Erbhuldigung zu Leipzig.
Erbauung des Saales im Zeughause zur Aufstellung der **Stadt-Bibliothek**.

25. August. Den Handwerksgesellen wird das Degentragen verboten.
Die Graff'sche Gold- und Silberfabrik erhält ein Privilegium auf zwanzig Jahre.
Gottfried Egger, Postmeister.
20. December. Kurfürst Johann Georg III. erklärt die Postanstalt als ein landesfürstliches Regal.

1682 Professor Otto Mencken begründet die Acta Eruditorum.
16. Mai. Eine Feuersbrunst auf dem grossen Kautze legt sechszehn Häuser in Asche.
21. Juni. Einrichtung einer Fahrpost zur Naumburger Messe.
18. August. Kurfürst Johann Georg III. befiehlt die Abschaffung des Nationalismus bei den Studirenden.
23. September. Der Rath macht das Waage-Tax-Register bekannt.
2. October. Bestätigung der Judenordnung.
9. October. Die Kramer-Innung wird von Neuem bestätigt.

1683 11. Januar. Eröffnung des Handelsgerichts.
Mai. Die neue Schanze vor dem Gerberthore wird geebnet.

1684 9. Mai. Vereidung der Buchdrucker wegen der Bücher-Censur.
24. Mai. Den Handwerksgesellen wird das Verbot, Degen zu tragen, von Neuem bekannt gemacht.
M. Johann Heinrich Ernesti, Rector der Thomasschule.
November. Erneuerung der Bäckertaxe.

1685 26. Januar. Erste gerichtliche Mobilien-Auction.
24. Februar. Erneuerung der Brauordnung.
29. April. Gerichtsgebühren-Taxe.
3. October. Die Sängerin Isabella Margaretha von Bologna kommt nach Leipzig.

1686 22. April. Brand des Schlaff'schen Hauses auf dem Markte.
Neubau der Grimma'schen Thorbrücke.
Die s. g. Amlungsburg bei dem Peters-Schiessgraben wird abgetragen.
Adrian Steger, Bürgermeister.
Bau des Vordergebäudes im grossen Fürsten-Colleg, neben dem rothen Colleg.
Das Collegium philobiblicum nimmt seinen Anfang.

1687 Die Beaufsichtigung der Censur wird einer besonderen Bücher-Commission übertragen.
7. März. Der Rath verfügt, dass die Juden nach der bestehenden Judenordnung sich streng absondern sollen.
24. April. Dr. Philipp Jakob Spener, Oberhofprediger zu Dresden, predigt in der Nikolaikirche.
Vergrösserung der Pfarrwohnung zu St. Johannis und Bau des Hospitalthurmes.
13. September. Grundsteinlegung zum Bau der Portal-Brücke am Grimmaischen Thore.
18. August. Der Rath verbietet, die Juden zu beschimpfen und Misshandlungen auszusetzen.
Neubau der Brücke vor dem Gerberthore.

1688 Bau des neuen Brunnens auf dem Naschmarkte.
 4. Juli. Kurfürst Johann Georg III. bestätigt die neuen Satzungen des Leipziger Prediger-Wittwen-Fiscus.
 17. August. Den Studirenden wird das nächtliche Tumultuiren und Schreien verboten.
1689 Im Juni wurde in Heinrich Beckers von Rosenfeld Garten auf der Quergasse ein Lilienstengel mit 95 blühenden Lilien gezeigt.
1690 3. April. Der Rath erlässt eine Spritzen-Ordnung zur Handhabung der vier angeschafften Schlangen-Feuerspritzen.
 Leipziger Münzfuss.
1691 Johann Ernst Kregel baut die grosse Feuerkugel.
 12. September † Kurfürst Johann Georg III. Kurfürst **Johann Georg IV.**
 29. December. Erbhuldigung in Leipzig. Johann Jakob Kees, Oberpostmeister.
1692 7. März. Gottfried Hermann von Beuchlingen auf Tzschorna u. s. w. Oberhofrichter.
 16. Februar. Kurfürst Johann Georg IV. erlaubt dem Johann Petsch in Bräunickens Hof auf der Petersstrasse, ein Ballhaus zu erbauen und spielen zu lassen.
 Neubau der jetzigen Melone (der vormaligen Sachsenburse) auf der Ritterstrasse und des Hintergebäudes der Thomasmühle.
 Der Kaufmann Gottfried Croll erbaut das neue Ballhaus in Bräunickens Hofe.
 Vergrösserung des Kramerhauses. Verlängerung der Ulrichsgasse.
 6. October. Einrichtung einer Schnell-Fahrpost nach Zwickau und Schneeberg.
1693 Wiedereinrichtung einer Münze in der vormaligen Amlungsburg.
 8. Mai. Eröffnung des Ballhauses in Bräunickens Hofe und des vom Vicecapellmeister Strungk erbauten Opernhauses auf dem Brühl neben dem Zimmerhofe.
 M. Johann Gottlieb Meister, Rector der Nikolaischule.
1694 7. und 8. März. Einführung der beständigen Wochen-Communionen.
 31. März. Einrichtung einer Schnell-Fahrpost nach Breslau.
 27. April † Kurfürst Johann Georg IV. Kurfürst **Friedrich August I.**
 24. Juli. Erbhuldigung in Leipzig.
1695 2. Januar. Brand in Dr. Welschens Hause am Markte, als Kurfürst Friedrich August I. anwesend war.
 3. März. Sammlung vor den Kirchthüren für die Armen im Erzgebirge.
 26. Juni. Der Rath erlässt eine verbesserte Fleischer-Ordnung.
 16. October. Verbot des Bettelns ohne Erlaubniss-Scheine.
1696 Ankunft französischer Hugenotten. Begründung einer reformirten Gemeinde in Leipzig.
1697 18. Mai. Der Rath verbietet die Thee- und Kaffee-Stuben in den Bier- und Schenkhäusern.
 17. Juni. Kurfürst Friedrich August I. wird zum König in Polen gewählt.

Im Juli. Der Appellationsrath und Schöppenstuhl - Assessor Dr. Quintus Septimius Florens Rivinus richtet die erste Lotterie zum Besten der Armen ein.
27. Juli. *König Friedrich August I. ernennt den Fürsten Anton Egon zu Fürstenberg zum Statthalter der kursächsischen Lande.*
Dr. Johann Friedrich Falkner, Bürgermeister.
15. *September. Kurfürst Friedrich August I. in Krakau als König in Polen gekrönt.*
17. September. Studententumult.
Studirende aus Görlitz begründen die „Görlitzische poetische Gesellschaft".

1698 31. März. Die Bürgerschaft bittet den Rath, die wüste Barfüsser-Kirche zum Gottesdienst wieder bestellen zu lassen.
28. April. Schnell-Fahrpost von Leipzig über Jena nach Frankfurt am Main.
General-Major Jakob Heinrich von Flemming wird zum General-Postmeister ernannt.
16. Juli. König und Kurfürst Friedrich August I. verstattet dreizehn Seidenhändlern freien Tuchhandel und Tuchausschnitt für 10000 Reichsgulden.
Wiederherstellung der Barfüsserkirche.
16. September. Brand auf der Reichsstrasse am Böttchergässchen.
Verhandlungen wegen Errichtung einer Depositen-Bank.
Georg Friedrich von Hopfgarten, Commandant der Pleissenburg.
17. November. Der Rath verbietet den Aufkauf von Victualien.

1699 Thomas Ittig, Pastor an der Nikolaikirche und Superintendent.
Gottlob Friedrich Seligmann, Pastor an der Thomaskirche.
22. Juni. Aufstand der Schuhmachergesellen.
M. Ludwig Christian Crell, Rector der Nikolaischule.
24. September. Erster Gottesdienst in der „Neukirche" (der vormaligen Barfüsserkirche). M. Johann Friedrich Steinbach, erster Ober-Diakon, und M. Friedrich Werner, erster Unter-Diakon an der Neukirche. — Gedächtnissmünze.
23. December. Wechselordnung.

1700 19. *Febr. = 1. März. Einführung des s. g. Gregorianischen Kalenders.*
Im August blüht in Caspar Bose's Garten eine Aloe mit 5138 Blüthen.
Bau des Georgenhauses am Ende des Brühls.
Die Zahl der Einwohner Leipzigs betrug damals 21696.
Anlegung gewölbter Schleussen, zuerst im Thomasgässchen.

1701 Neubau der Angermühle.
Adress-Kalender unter dem Titel: „Das jetzt lebende Leipzig."
Dr. Franz Konrad Romanus, Bürgermeister.
Johann Kuhnau, Cantor an der Thomaskirche.
30. September. Einweihung des Georgenhauses.
24. December. Erste Strassenbeleuchtung durch Laternen.

23. September. König und Kurfürst Friedrich August I. bestätigt der Stadt Leipzig alle Privilegien, namentlich die freie Rathswahl und Besetzung der vier Stellen beim Schöppenstuhl, das Patronatsrecht, die Befreiung von militärischer Besatzung und von Ablegung der Administrations- und Haushaltungsrechnungen, die Vererbung des doppelten Bier-Schlägelschatzes u. s. w.

1702 Der Rath zu Leipzig pachtet das Thoreinlassgeld (den s. g. Thorgroschen).

Bürgermeister Romanus baut das prächtige Haus an der Ecke des Brühls und der Katharinenstrasse (das jetzige Dufour'sche Haus).

4. Juni. Erster Gottesdienst der reformirten Gemeinde in Auerbachs Hofe. Putini aus Genf, erster Prediger der Gemeinde.

Bestätigung der Winkler'schen Gold- und Silberfabrik.

Professor Johann Christian Schamberg begründet den akademischen Wittwenfiscus.

Erhöhung des Thomaskirchthurms. — Bau des Thurmes des Georgenhauses.

Georg Philipp Thelemann errichtet ein Collegium musicum.

10. September. Der reformirten Gemeinde wird der Gottesdienst in Auerbachs Hofe verboten.

5. November. Erster Gottesdienst der reformirten Gemeinde im Amthause.

General-Lieutenant Karl Gottlob von Neidschütz, Commandant der Pleissenburg und Gouverneur der Stadt Leipzig.

1703 Bau des Neukirchthurms.

Dr. Johann Alexander Christ, Bürgermeister.

26. September. Der Rath erlässt eine Sänftenträger-Ordnung.

29. September. Erster Gebrauch der Sänften.

1704 7. Januar. Der Rath verbietet den Messjuden den Gottesdienst.

17. Januar. Commandant von Neidschütz überschickt dem Rathe die Thorschlüssel der Stadt.

Schleussenbau auf dem Brühl.

27. Juni. Den Böttchern wird ein besonderer Pichhof angewiesen.

4. Juli. Anordnung einer Lotterie zum Besten der Armen.

Georg Philipp Thelemann erster Organist an der Neukirche.

10. September. Einweihung des „anatomischen Theaters" durch Professor Dr. Johann Christian Schamberg.

11. December. Der Rath erlässt eine Armen-Ordnung. Einrichtung eines „Almosenamts".

1705 16. Januar. Verhaftung des Bürgermeisters Dr. Franz Conrad Romanus wegen betrügerischer und hochverrätherischer Handlungen.

2. Februar. Eröffnung des Gottesdienstes im Georgenhause. M. Elias Hoffmann, erster Zucht- und Waisenhausprediger.

Matthias Gundacker, Freiherr von Herberstein, Oberhofrichter.

14. Juli. Einführung der General-Consumtions-Accise in Leipzig.
Dr. Abraham Christoph Platz, Bürgermeister.
Eröffnung der vierten Apotheke „zum weissen Adler".
Das Einlassgeld am Grimmaischen Thore wird der Stadt überlassen.
Johann Jakob Kees jun. wird Oberpostmeister.
1706 13. September. Aufhebung der Consumtions-Accise auf ein Jahr.
18. September. Ankunft der Schweden in Leipzig.
20. September. Karl XII., König von Schweden, gibt den Kauf- und Handelsleuten Messfreiheit und sicheres Geleit.
25. September. Waffen-Stillstand zwischen den Schweden und Sachsen.
14. November. Altranstädter Friedensschluss.
1707 *1. September. Aufbruch der Schweden in Sachsen.*
1708 Immanuel Horn, Pastor an der Thomaskirche.
Georg Winkler, Bürgermeister.
1709 Gottfried Gräve, Bürgermeister.
4. December. Dreihundertjähriges Jubelfest der Universität.
1710 *In der Ostermesse wird zuerst sächsisches (s. g. Meissner) Porzellan verkauft.*
10. Mai. Begründung der Professur der Chemie.
3. Juni. Erster römisch-katholischer Gottesdienst in der Pleissenburg. Pater Eckart hält die erste Predigt und Messe.
Dr. Johann Dornfeld, Pastor an der Nikolaikirche und Superintendent.
Erneuerung der Paulinerkirche.
- 31. August. Erster Gottesdienst in der Paulinerkirche durch Dr. Gottfried Olearius.
Collegium musicum des Studenten Johann Friedrich Fasch in Lehmanns Kaffeehause.
1711 Hochmann von Hörneck hält pietistische Vorträge im blauen Hechte.
Professur der Heraldik.
Christian Gottfried Hoffmann, erster Professor des Natur- und Völkerrechts.
Beginn der Dienstags-Betstunden und Freitags-Vespern in der Neukirche nach dem Legat des Geh. Raths Jakob Born.
4. August. Eröffnung der Raths-Bibliothek zum allgemeinen Gebrauche.
Eröffnung der Universitäts-Bibliothek zum freien Gebrauche.
19. August. König und Kurfürst Friedrich August I. verleiht dem regierenden Bürgermeister die Würde eines kaiserlichen Hof-Pfalzgrafen zu Ernennung von Notarien.
24. August. In Kaspar Bose's Garten blüht eine amerikanische Aloe mit 6486 Blüthen.
- 20. October. König und Kurfürst Friedrich August I. ertheilt der Juristen-Facultät zu Leipzig die Rechte der kaiserlichen Hof-Pfalzgrafen.

Andreas Dietrich Apels Gold- und Silberfabrik wird bestätigt.
Bau des Hinterhauses der grossen Feuerkugel.
1712 18. Januar. Beginn der Katechismus-Examina mit den Erwachsenen.
27. März. Erste Nachmittagspredigt in der Paulinerkirche.
Erneuerung der Peterskirche.
29. Mai. M. Adam Berndt hält als Ober-Katechet die erste Predigt in der Peterskirche.
5. Juni. M. Justus Gotthard Rabener, erster Katechet und Nachmittagsprediger an der Peterskirche.
Dr. Quintus Septimius Florens Rivinus, Bürgermeister.
18. December. Einführung des Klingelbeutels in der Neukirche.
Verlegung des Postamts in das Amthaus auf der Klostergasse.
1713 Dr. Quirinus Hartmann Schacher, Bürgermeister.
25. u. 26. September. Studenten-Fehde mit den Rathssöldnern.
Professur der Kirchengeschichte.
Neubau der Hospitalkirche zu St. Jakob.
1714 Urban Gottfried Sibor, Professor der kirchlichen Alterthümer.
12. Mai. Erstes Fischerstechen am Geburtstage des Königs und Kurfürsten Friedrich August I.
Christian Weiss, Pastor an der Thomaskirche.
Bau der Accishäuser.
1715 21. April. Einweihung der Hospitalkirche zu St. Jakob.
Einrichtung des Universitäts-Almosen-Fiscus.
Professor Christian Friedrich Börner erneuert das Collegium anthologicum.
Erbauung des Pulverthurms vor dem Peterthore.
1716 8. Januar. Der Rath zu Leipzig erlässt für die Nikolaischule eine verbesserte Ordnung.
26. Januar. Einführung des Klingelbeutels in der Nikolai- und Thomaskirche zum Besten der Armen.
Bau und Vollendung der Orgel in der Paulinerkirche durch Lorenz Lieberoth.
Einziehung des alten Georgenhauses.
10. December. Stiftung der wendischen Predigergesellschaft (Societas Sorabica).
1717 Die Görlitzische poetische Gesellschaft erweitert sich unter Professor Johann Burchard Menken's Leitung in eine „deutschübende poetische Gesellschaft".
Erbauung des Reithauses.
Dr. Quirinus Hartmann Schacher baut den Gasthof zum Helm, das nachmalige Hôtel de Prusse.
31. October — 2. November. 200jähriges Jubelfest der Reformation.
11. December. Der Rath zu Leipzig gibt den Fischern eine Ordnung über den Fischfang.
1718 Eröffnung der Reitbahn.
Erneuerung des polnischen Prediger-Collegiums.

1719 Gründung der Bibliothek der deutschübenden poetischen Gesellschaft.
Dr. Gottfried Lange, Bürgermeister.
Der Ober-Schöppenschreiber Gottlob Friedrich Mylius verkauft den Thonberg an den Rath zu Leipzig für 19,000 Thaler.
1720 Dr. Adrian Steger, Bürgermeister.
Bau des neuen Altars in der Thomaskirche.
1721 Dr. Salomon Deyling, Pastor an der Nikolaikirche und Superintendent.
Erste Passionsmusik am Charfreitage in der Thomaskirche.
Vergleich (Compactata) zwischen der Universität und dem Rathe zu Leipzig über die Grenzen der gegenseitigen Gerichtsbarkeit.
Michael Gebauer, erster Universitäts-Stallmeister.
1722 Superintendent Deyling errichtet ein homiletisch-praktisches Collegium.
Vollendung des neuerbauten Petersthors.
Springbrunnen auf dem Thomaskirchhof.
1723 Maria Rosina, Ehegattin des Goldarbeiters und Juweliers Köppy, stiftet die Charfreitags-Vesperpredigt in der Nikolaikirche.
Johann Sebastian Bach, Cantor an der Thomasschule.
7. Juni blühte in Andreas Dietrich Apel's (jetzt Reichel's) Garten der erste Kaffeebaum.
13. November. Der Rath zu Leipzig gibt der Thomasschule eine erneuerte Ordnung.
1724 Erste Passionsmusik am Charfreitage in der Nikolaikirche.
Vergrösserung des Schlossgartens der Pleissenburg.
1725 Erbauung der s. g. Schlossbaracken (der Caserne für die Schlossmiliz) im jetzigen Schulgässchen.
.... Wachsleinwandfabriken.
1726 Peter Hohmann, Freiherr von Hohenthal, erbaut den nach ihm genannten Hof (vorher Bräunicke's Hof) auf der Petersstrasse.
Erweiterung des Georgenhauses.
Der Privatdocent Johann Christian Philipp erleidet einjährige Gefängnissstrafe, weil er einen Tractat gegen die Dresdner Lotterie geschrieben.
Gottlieb Korte, Professor der Rechtsalterthümer.
1727 Die Schauspielergesellschaft der Friederike Caroline Neuber gibt ihre Vorstellungen in dem Saale über den Fleischbänken.
Johann Christoph Gottsched erneuert die „Deutschübende poetische Gesellschaft" unter dem Namen der „Deutschen Gesellschaft".
1728 Professor Dr. Johann Florens Rivinus stiftet die Charfreitags-Vesperpredigt in der Paulinerkirche.
Dr. Jakob Born, Bürgermeister.
1729 Die Accise ist Gegenstand grosser Unzufriedenheit und des Spottes.
1730 Johann Matthias Gesner, Rector der Thomasschule.
200jähriges Jubelfest der Augsburgischen Confession.
Johann Zacharias Richter, Kaufmann, legt ein Kunstkabinet an.

1731 Christian Weiss, Oberkatechet an der Peterskirche, stiftet die
Gesellschaft der Wissbegierigen.
1732 Bernhard Christoph Breitkopf, Buchdrucker, baut den „goldenen
Bär".
5. Juni. Einweihung der erneuerten und vergrösserten Thomasschule.
13.—17. Juni und 3.—5. September. 2810 Salzburger Emi-
granten werden feierlich empfangen, gastfreundschaftlich
bewirthet und reich beschenkt.
Grosse Sterblichkeit. Von 1726 bis 1732, binnen sieben Jahren,
starben 8116 Personen, während nur 5963 Kinder geboren
wurden, so dass die Mehrzahl der Verstorbenen 2153 betrug.
1733 Der Rath zu Leipzig gibt den Thomasschülern verbesserte
Gesetze.
*1. Februar. Tod des Königs und Kurfürsten Friedrich August I.
Kurfürst* Friedrich.August II.
Erbhuldigung in Leipzig.
Kurfürst Friedrich August II. wird König in Polen.
J. F. Müller's Schauspielergesellschaft gibt ihre Vorstellungen
über den Fleischbänken.
1734 Friederike Caroline Neuber spielt im Gross-Bose'schen Garten
in einer Bude.
M. Johann August Ernesti, Rector der Thomasschule.
M. Dietrich Dressler, Rector der Nikolaischule.
Der Goldschläger Georg Friedrich Meutzel stiftet die Refor-
mations-Vesperpredigt sowohl für die Thomaskirche, als
für die Kirche zu St. Nicolai.
Einführung der Leipziger Elle als Normal-Elle für Kursachsen.
1735 Abtragung und Verwandlung der Halle'schen Bastei in eine
Promenade.
1736 September. König und Kurfürst Friedrich August II. besucht
Leipzig. Glänzende Illumination der Stadt zu seinem
Empfange.
Die Wittwe des Goldschlägers Mentzel stiftet die Refor-
mations-Vesperpredigt für die Neukirche.
1737 Friderike Caroline Neuber trägt, durch Professor Gottsched ver-
anlasst, den Hanswurst auf ihrer Bühne feierlich zu Grabe.
Der Kaufmann Romanus Koch erbaut Koch's Hof.
Gründung des Hauses und Gartens vom Weinschenken Vinoni
auf der Schlossgasse.
Dr. Friedrich Wilhelm Schütz, Pastor an der Thomaskirche.
1739 17. Mai. Die Stadt Leipzig begeht das 200jährige Jubelfest ihrer
Kirchen-Reformation.
Dr. Urban Gottfried Siber, Pastor an der Thomaskirche.
25. August. Kirchen-Reformationsjubelfeier der Universität.
Christian Gottlob Frege begründet das Handelshaus seines
Namens.
1740 Die Buchdrucker feiern das 300jährige Jubelfest der Erfindung
der Buchdruckerkunst.

Die Apotheke zum weissen Adler wird zur **Hof-Apotheke** erhoben.
Neubau des Gewandhauses durch den Baumeister Schmiedlein.
Neubau des Lastrop'schen Hauses (des s. g. Klosters) auf der Klostergasse.

1741 20. März. Begründung der **Freimaurer-Loge „Apollo"**.
Dr. Christian Ludwig **Stieglitz**, Bürgermeister.
Dr. Gottlieb **Gaudlitz**, Pastor an der Thomaskirche.
Friderike Caroline **Neuber** gibt auf der vormaligen Reitbahn in Zoten's (Quandt's) Hofe theatralische Vorstellungen.

1742 Der Kammerrath und Baumeister Johann Christoph **Richter** baut vor dem Halle'schen Thore das nachmalige Stieglitz'sche Haus (das spätere Haupt-Steueramt). — Naturalienkabinet.
Begründung der Freimaurer-Loge **„Minerva zu den drei Palmen"** (aus der Loge „Apollo" hervorgehend).
Verbesserung des Strassenpflasters.

1743 Stiftung des **grossen Concerts** (zuerst im Saale bei Bergrath Schwabe auf der Grimmaischen Gasse, dann bei Buchhändler Gleditsch).
Grosse Sterblichkeit in dieser Zeit. Von 1736 bis 1743 waren in Leipzig 2597 Personen mehr gestorben als geboren.

1744 Kaufmann Johann Siegfried **Ackermann** stiftet die Charfreitags-Vesperpredigt für die Peterskirche.
Verlegung des **grossen Concerts** in den Gasthof zu den „drei Schwanen" auf dem Brühl.
Bau des Hospitalitengebäudes (des s. g. Feldhauses) bei dem Johannishospitale.

1745 Der Baumeister Johann Zacharias **Richter** vergrössert seinen Garten.
Dr. Romanus **Teller**, Pastor an der Thomaskirche.
30. November. Die Preussen unter dem Fürsten **Leopold von Anhalt-Dessau** besetzen die Stadt Leipzig.
Plünderung des Zeughauses und quälerische Eintreibung der Kriegscontribution und Verpflegungsgelder.

1746 1. Januar. Abzug der Preussen nach geschlossenem Frieden.
M. Johann Christian **Ortlob**, Rector der Nikolaischule.
Der Mathematicus **Sandel** errichtet im Rosenthale eine Sternwarte.

1747 Brand im Amthause, welcher das Archiv zum Theil zerstört.
Vollendung der gewölbten Schleussen innerhalb der Stadt.

1748 König und Kurfürst **Friedrich August II.** verstattet der Universität die Anfertigung des **Leipziger Kalenders**.
Dr. Gottfried Wilhelm **Küstner**, Bürgermeister.
Leipzigs Einwohnerzahl wird zu 29,760 berechnet.

1749 Schauspieldirector **Schönemann** gibt Vorstellungen in Zoten's Hofe und Friderike Caroline **Neuber** spielt im grossen Blumenberge und später in May's Kaffeegarten vor dem Petersthore.
Münzkabinet des Kaufmanns Georg Heinrich **Sander**.

1750 Heinrich Gottfried Koch eröffnet sein Theater in Enoch Richters Garten auf der Hintergasse und später im grossen Blumenberge.
Gottlob Harrer, Cantor an der Thomasschule.
1751 Dr. Johann Christian Stemler, Pastor an der Thomaskirche.
Einrichtung einer Schaubühne in Zoten's Hofe für den Schauspieldirector Koch nach Gottsched's Entwurfe.
1752 M. Christian Gottlob Haltaus, Rector der Nikolaischule.
Wiedereröffnung der Leipziger Münzstätte unter Frege's Leitung.
1753 Die Stadt Leipzig zählt 32,384 Einwohner.
1754 Neubau der „grünen Linde".
Der Commerzienrath Möbius erbaut das unter dem Namen des „Kurprinzen" bekannte Gebäude auf dem Rossplatze.
Innerhalb 10 Jahren, von 1745 bis 1754, starben in Leipzig 12,681 Personen, während nur 9070 geboren worden; die Mehrzahl der Verstorbenen betrug also 3611.
1755 Johann Gottlob Immanuel Breitkopf erfindet den Notendruck mit beweglichen Typen.
Johann Friedrich Doles, Cantor an der Thomasschule.
25. September. 200jährige Jubelfeier des Augsburgischen Religionsfriedens.
Dr. Christian Gottlob Eichler, Pastor an der Nikolaikirche.
Dr. Johann Christian Stemler, Pastor an der Thomaskirche, wird Superintendent.
1756 Aufstellung der Raths- oder Stadt-Bibliothek im grossen Saale des Gewandhauses.
Ausbruch des siebenjährigen Krieges.
29. August. Die Preussen unter Herzog Ferdinand von Braunschweig besetzen Leipzig.
Der Stadt wird eine Contribution von 587,167 Thlr. 17 Gr. 6 Pf. auferlegt.
Leipzigs Einwohnerzahl hat sich auf 29,792 vermindert.
1757 Einquartierungen, Durchmärsche, Erpressungen und unmässige Forderungen; öftere Gefangenhaltung der angesehensten Rathsglieder und Kaufleute; Verbot freier Rede und Mittheilung, aller und jeder Versammlungen; Erbrechung der Privat- und Handelsbriefe; Beschlagnahme der Handelsbücher; Demüthigungen, Gewaltthätigkeiten und sonstige Quälereien feindlicher Seits wiederholen sich in jedem Kriegsjahre.
10. Februar müssen 2 Schwadronen sächsischer Trabanten vor dem Hospitalthore zur preussischen Fahne schwören.
4. April. Eine Anzahl sächsischer Gefangener befreit sich gewaltsam und die Stadt muss als Entschädigung 2½ Tonnen Goldes zahlen.
20. Juni. Entwaffnung der Bürger und Studenten.
Die preussischen Forderungen an die Stadt erreichen in diesem Jahre die Höhe von mehr als zwei Millionen Thaler.
1758 1. Januar. Brand der schwarzen Wasserkunst.
Dr. Johann Jakob Reiske, Rector der Nikolaischule.
Dr. Karl Friedrich Trier, Bürgermeister.

Wiederherstellung der schwarzen Wasserkunst nach dem Plane des Bergraths Gellert.
1759 König Friedrich II. von Preussen verpachtet die Leipziger Münze an die Juden Ephraim, Itzig und Comp. — Ephraimiten, geringhaltige Achtgroschenstücke (Blechkappen genannt), überschwemmen Stadt und Land.
M. Johann Friedrich Leissner, Rector der Stiftsschule zu Zeitz, wird Rector der Thomasschule.
5. August. Die Preussen überlassen nach Capitulation die Stadt Leipzig den Kaiserlichen und Reichstruppen.
7. August. Scharmützel vor dem Gerberthore zwischen den Preussen und den zu ihren Fahnen gezwungenen Sachsen.
Dr. Jakob Heinrich Born, Bürgermeister.
13. September. Wiederbesetzung Leipzigs durch die Preussen. Erneuerte Forderungen.
Harte Gefangenschaft der angesehensten Männer der Stadt. Drohungen, die Stadt in Brand zu stecken.
Die zahlreichen Lazarethe verbreiten Seuchen und epidemische Krankheiten.
1760 Die Befestigungen der Stadt werden erneuert.
König Friedrich II. bezieht sein Winterquartier in Leipzig und fordert aufs Neue eine Million Thaler.
1761 Johann Ernst Gotzkowsky, ein Berliner Kaufmann, kommt der Stadt Leipzig edelmüthig zu Hilfe, bewirkt Herabsetzung jener Summe bis auf 800,000 Thaler und leistet uneigennützig Bürgschaft.
Dr. Rudolph August Schubart, Bürgermeister.
1762 Stockung des Handels. Die frühere Gewissenhaftigkeit in Handelsgeschäften artet in betrügerische Gewinnsucht und Schwindelei aus. Klagen der Kramerinnung darüber.
König Friedrich II. ermässigt seine Forderung von drei Millionen Thaler auf Gotzkowsky's Verwendung und Bürgschaft bis auf 1,100,000 Thaler.
Gotzkowsky, unverständiges Uebelwollen grossmüthig vergessend, verwendet sich wegen abermaliger Forderung von 400,000 Ducaten mit solchem Erfolge, dass König Friedrich II. diese Summe auf 100,000 Ducaten und 70,000 Thaler herabsetzt.
Dr. Carl Friedrich Krause schreibt über die Ausrottung der Blattern.
Während der letzten acht Jahre, von 1755 bis 1762, starben in Leipzig 15,504 Personen, 8307 mehr als geboren wurden.
1763 *15. Februar. Hubertusburger Friedensschluss.*
Der Ober-Consistorial-Präsident Peter Graf von Hohenthal begründet zu Leipzig das Intelligenz-Comptoir, zum Besten ländlicher und städtischer Gewerbe.
18. Juni erscheint das 1. Stück des Leipziger Intelligenzblattes.
Dr. Christian Gotthelf Gutschmidt, Bürgermeister.
Johann Adam Hiller, Director des grossen Concerts.

5. October. Tod des Königs und Kurfürsten **Friedrich August II.** *Kurfürst* **Friedrich Christian.**

17. December † Kurfürst **Friedrich Christian.** *Kurfürst* **Friedrich August III.** *unter Vormundschaft seines Oheims Prinz* **Xaver**, *Administrators der kursächsischen Lande.*

Leipzig zählt 28,352 Einwohner.

1764 Johann Gottlob Immanuel Breitkopf baut an der Stelle der vormaligen „Arche" den „silbernen Bär".

Errichtung einer Zeichnen-, Maler- und Architektur-Akademie zuerst unter Leitung des Professors Adam Friedrich Oeser.

Dr. Daniel Gottfried Schreber, der erste Professor der Oekonomie, nicht ohne Widerspruch von Seiten der philosophischen Facultät.

1765 28. Februar. Stiftung der ökonomischen Gesellschaft.

Lotterie zur Tilgung der Stadtschulden.

Die Frauen Regina Elisabeth Richter und Justina Salome Rouilli begründen den Wittwen-Fiscus für die Prediger an der Neu-, Peters- und Lazarethkirche und für die Lehrer an der Thomas- und Nicolaischule.

1766 20. Mai. Das Consistorium verbietet auf Anregung des Bürgermeisters Jakob Heinrich Born und des Oberkatecheten Johann Friedrich Bahrdt die Passionsmusik.

Die reformirte Gemeinde erhält ein Gesangbuch.

Erbauung des Schauspielhauses unter Leitung des Ingenieur-Obristen Fäsch.

18. October. Eröffnung des neuen Theaters mit der Darstellung des „Hermann" von Schlegel.

1767 M. Johann Friedrich Fischer, Rector der Thomasschule.

Einführung eines Import auf ausländische Waaren (s. g. gelbes Buch).

Der Kunstmeister Johann Friedrich Dähne verbessert die schwarze Wasserkunst.

18. December. Der Rath erlässt eine Verordnung über einzuleitende Verbesserungen der öffentlichen Schulen, besonders über die Verbindung einer Realschule mit der Nicolaischule.

Anstellung eines besondern Schreib- und Rechnenlehrers an der Nicolaischule.

1768 Joseph Alexander Fürst Jablonowsky stiftet die Jablonowsky'sche Gesellschaft und setzt ein Capital aus zu Preisaufgaben aus der Geschichte, aus der Mathematik oder Physik und aus der Oekonomie.

18. September. Kurfürst **Friedrich August III.** *tritt seine Selbstregierung an.*

1769 Peter Graf von Hohenthal, Ober-Consistorial-Präsident, stiftet einen Freitisch für Studirende.

1770 Es wird mit Ausfüllung der Stadtgräben und Niederreissung der Basteien begonnen.

Baumeister Eberhard Heinrich **Löhr** legt einen Garten im englischen Geschmacke an.
Die Wäser'sche Schauspielertruppe spielt in einer Bude vor dem Gross-Bose'schen Garten.
1771 Dr. **Christian Wilhelm Küstner**, Bürgermeister.
1772 Anstellung eines Schreib- und Rechnenlehrers bei der Thomasschule.
Gründung der Gesellschaft „Societät".
Theurung und grosse Sterblichkeit. Die Zahl der Verstorbenen betrug 1841 und die der Geborenen nur 705.
Von 1763 bis 1772 wurden 12,505 Personen begraben, aber nur 9244 Kinder getauft.
1773 Der Abenteurer Johann Georg **Schropffer beschwört Geister**.
Erbauung des **Collegium Juridicum** in der Schlossgasse.
Dr. Johann Friedrich **Bahrdt**, Pastor an der Thomaskirche und Superintendent.
1774 Der Ober-Consistorial-Präsident Peter Graf von **Hohenthal** gründet eine **Freischule** für 60 arme Kinder, vor dem Halle'schen Thore.
Christian **Pflugbeil**, Mathematicus an der Nicolaischule.
1775 Dr. Karl Gottfried **Winkler**, Bürgermeister.
M. Georg Heinrich **Martini**, Rector der Nicolaischule.
Stiftung der Gesellschaft „**Harmonie**".
1776 Stiftung der Freimaurerloge „**Balduin**".
Johann Gottlob Immanuel **Breitkopf** erfindet den **Landkartendruck mit Typen**.
Dr. Johann Gottfried **Körner**, Pastor an der Thomaskirche und Superintendent.
1777 Dr. August Cornelius **Stockmann** dichtet den beliebten Grabgesang „Wie sie so sanft ruhen etc."
1778 Samuel **Heinicke** gründet ein Taubstummeninstitut.
Dr. Karl Wilhelm **Müller**, Bürgermeister.
1779 Der Weinschenke Vinoni verkauft sein Haus mit Garten auf der Schlossgasse an die Freimaurerloge „Minerva zu den drei Palmen".
Leipzigs Bevölkerung wird zu 26,656 Personen berechnet.
1780 3. August. Aufstellung der Marmorbüste des Kurfürsten **Friedrich August III.** auf der **Esplanade** (dem jetzigen Königsplatze).
1781 Begründung der **Bibliothek der Nicolaischule**.
24. Juni. Eröffnung der Eisbude am Eingange des Rosenthals.
Der grosse Concertsaal im Gewandhause wird erbaut und von Adam Friedrich **Oeser** durch ein merkwürdiges Deckengemälde geziert.
25. November. Eröffnung des grossen Concert im Gewandhaussaale.
1782 Erbauung des Peter Richter'schen Hauses auf der Katharinenstrasse.
Dr. Karl Gottlob **Koch**, Bürgermeister.

Innerhalb zehn Jahren, von 1773 bis 1782, betrug die Zahl der Verstorbenen wiederum 10,887, während nur 8818 Kinder geboren wurden.

1783 Die Freimaurerloge Balduin benennt sich „Balduin zur Linde".

Dr. Adolph Christian Wendler, Bürgermeister.

1784 Abtragung der bis an die Halle'sche Bastei reichenden Schanze, der s. g. Katze. — Die Parkanlagen mit dem Schneckenberg, Schwanenteich u. s. w. werden in Angriff genommen.

Professor Christian Daniel Beck stiftet die „philologische Gesellschaft".

1785 Anlegung des Küchengartens beim Halle'schen Thore für das Georgenhaus.

Errichtung des physikalischen Cabinets.

Dr. Johann Georg Rosenmüller, Pastor an der Thomaskirche und Superintendent.

Dr. Johann Adolph Scharff, Pastor an der Nicolaikirche.

Johann Gottfried Schicht, Director des grossen Concerts.

1786 Die jährliche Ausstellung des Johannismännchens wird verboten.

Der Universität wird die Aufsicht über das Taubstummeninstitut übertragen.

Erdmann Traugott Reichel erkauft den ehemaligen Apel'schen Garten.

1787 Einführung der allgemeinen Beichte.

Der Schlossthurm der Pleissenburg wird zu einer Sternwarte eingerichtet.

Der Buchhändler Johann Wendler gründet eine Freischule für 60 Kinder, vor dem Grimmaischen Thore.

1788 10. März. Eröffnung der Wendler'schen Freischule.

Erbauung der Thomaspforte.

1789 Begründung der Zeitschrift „Modemagazin".

„Handelszeitung" des Kaufmanns Jakob Samuel Schrökh.

31. Januar. Professor Dr. Christian Friedrich Ludwig stiftet die „Linné'sche Gesellschaft" zur Beförderung der Naturwissenschaften.

Der Landkammerrath Karl Friedrich Kregel von Sternbach vermacht der Sternwarte seine Bibliothek und Instrumente.

Johann Adam Hiller, Cantor an der Thomasschule.

Leipzigs Bevölkerung hat sich bis auf 32,144 Einwohner vermehrt.

1790 Stiftung der Gesellschaft „Ressource".

Von 1783 bis 1790 wurden 9227 Personen begraben. Die Zahl der Geborenen betrug nur 7352.

1791 Abschaffung des Exorcismus bei der Taufe.

Dr. Christian Gottlieb Kühnöl, Pastor an der Nicolaikirche.

1792 19. März. Eröffnung des „Arbeitshauses für Freiwillige" (oder der Industrieschule).

16. April. Einweihung der „Raths-Freischule".

Karl Gottlieb Plato, Director der Raths-Freischule.
Einführung der sonntäglichen katechetischen Andachtsstunden in der Rath-Freischule.
Umgestaltung des Reichel'schen Gartens. Bauten und Gartenanlagen. Obstbaum-Anpflanzungen.

1793 Die Häuser Leipzigs werden mit Hausnummern versehen.
Gründung der Schule des Arbeitshauses für Freiwillige.
Der Superintendent Dr. Johann Georg Rosenmüller veranstaltet die jährliche Confirmationsfeier in der Raths-Freischule.
Georg Wilh. Richter stiftet die Gesellschaft „Place de repos" und erbaut das gleichnamige Gebäude.
Vorbereitung zur Herausgabe eines neuen Gesangbuchs für Leipzig.

1794 Verlegung des Zimmerhofes in die Sandgrube.
Die Strassen- und Gassen-Namen werden angeschlagen.
Dr. Christian Gottfried Hermann, Bürgermeister.
Achtundzwanzig Handwerksinnungen bitten den Rath um Errichtung einer Bürgerschule.

1795 Der Buchhändler Johann Gottlob Beygang gründet das Leseinstitut „Museum".
M. Gottlieb Samuel Forbiger, Rector der Nicolaischule.

1796 Einführung des neuen Gesangbuchs für Leipzig. Abschaffung der Litanei.
Grundsteinlegung zum Bau der Bürgerschule auf der Moritzbastei.
13. September. Durch Unvorsichtigkeit des Feuerwerkers Christian Friedrich Haugk fliegt der Pulverthurm in die Luft.

1797 Vollendung der inneren Verschönerung und Auszierung der Nicolaikirche.
Eberhard Heinrich Löhr beschenkt die Johanniskirche mit einer Thurmuhr.
Eröffnung der Georgenpforte. Vollendung der Parkanlagen.
Leipzig zählt 31,847 Einwohner.

1798 Friedrich Rochlitz begründet die „Allgemeine Musikalische Zeitung" im Verlage von Breitkopf & Härtel.
Professor Gottfried Hermann stiftet die „griechische Gesellschaft".
Der Kunstmeister Karl Dähne erbaut eine neue Kunstmaschine an der Wasserkunst.

1799 Der Buchhändler Siegfried Leberecht Crusius beginnt den Neubau des unter dem Namen „Maria" bekannten Eckhauses am Neumarkte.
Einrichtung eines klinischen Instituts im Jacobshospitale.

1800 Braunkohlengräberei in der Sandgrube unter Leitung des Raths-Baumeisters Friedrich Ludolph Hansen.
M. Friedrich Wilhelm Ehrenfried Rost, Rector der Thomasschule. August Eberhard Müller, Cantor.
M. Gottfried Tauber, erster Mathematicus an der Thomasschule.
Franz Xaver Lange, erster französischer Sprachmeister an der Thomasschule.

Johann Friedrich August Tischbein, Director der Kunstakademie.

2. December. Erste Kuhpockenimpfung durch den Arzt Dr. Christian Gottfried Karl Braune.

Von 1791 bis 1800 starben in Leipzig 12,868 Personen, während nur 9990 geboren wurden.

1801 *Hofrath Spazier beginnt die „Zeitung für die elegante Welt".*

Dr. Heinrich Friedrich Innocentius Apel, Bürgermeister.

Die Volkszählung ergiebt in Leipzig 30,993 Einwohner.

1802 Begründung des Wittwenfiscus für die Lehrer der Thomasschule.

Dr. Christian Gottlob Einert, Bürgermeister.

1803 9. Februar. Begründung der Armenanstalt.

Einrichtung der Gesinde-Expedition.

Einführung der öffentlichen Confirmation der Kinder.

1804 Eröffnung der Bürgerschule unter dem Director M. Ludwig Friedrich Gottlob Ernst Gedike.

7. Januar. Eröffnung der Armenschule.

Das anatomische Theater wird öffentliche Anstalt.

Leipzigs Bevölkerung beträgt 32,492 Einwohner.

1805 Einrichtung des chemischen Laboratoriums.

Dr. Bergk gibt den „Europäischen Aufseher" heraus.

Dr. Joseph Gall hält im Place de repos Vorträge über seine Gehirn- und Schädellehre.

1806 Professor Dr. Christian Friedrich Schwägrichen legt im vormaligen Trier'schen Garten einen botanischen Garten an.

Krieg zwischen Preussen und Frankreich.

September. Leipzig erhält eine preussische Besatzung unter General Kalkreuth.

17. October. Errichtung einer Bürgerwache zu Leipzig.

18. October. Marschall Ludwig Davoust rückt mit 42,000 Franzosen in Leipzig ein.

19. October. Brigadegeneral Peter Macon Commandant der Stadt Leipzig.

23. October. Die Franzosen fordern von der Stadt Leipzig eine Lieferung von 345,000 Stab Tuch und 150,000 Paar Schuhen.

29. October. Feierliches Leichenbegängniss des Commandanten Macon.

Brigadegeneral René Commandant zu Leipzig.

14. November. Der Rath verordnet die vom französischen General Villemanzy anbefohlene Aufzeichnung aller in Leipzig befindlichen englischen Waaren.

26. November. Aufforderung zur Anzeige aller in Leipzig wohnenden Engländer.

27. November. *Verbot des Handels mit England.* Beschlagnahme der englischen Waaren.

28. November. Der Rath verordnet, die Miethbewohner mit Einquartierung zu belegen.

11. December. *Friedenstractat zwischen Frankreich und Sachsen.*
Kurfürst Friedrich August III. *tritt dem Rheinbunde bei unter dem Titel eines* **Königs von Sachsen.**
23. December. Der Universitätsrector Dr. Christian Daniel Erhard veranstaltet eine Feier des Geburtstages des Königs Friedrich August.

1807 1. Januar. Glückwünschungsfeier wegen Annahme der sächsischen Königswürde. Glänzende Illumination der Stadt.
Das „Mode-Magazin" erscheint unter dem Titel „Moden-Zeitung".
Fürst Karl von Isenburg errichtet in Leipzig für den französischen Dienst ein Infanterie-Regiment aus gefangenen Preussen u. s. w.
23. März. Collet, Commandant der Stadt Leipzig.
7. April. Der Rath zu Leipzig kauft die in Beschlag genommenen englischen Waaren für sieben Millionen Francs.
Generallieutenant von Nostitz, Gouverneur der Stadt Leipzig.
5. Mai. Verbot des öffentlichen Tabakrauchens.
1. Juli. Beginn des Leipziger Tageblattes.
Eröffnung einer Stadt-Anleihe von 2,750,000 Thaler.
23. Juli. *Kaiser Napoleon reiset ohne Aufenthalt durch Leipzig.*
Die Universität gibt den zum Gürtel und Schwerte des „Orion" gehörigen Sternen den Namen der „Napoleonsterne"..
4. August. Der Rath verbietet das Kaufen der Quartierbillets.
15. August. Errichtung einer Serviskasse.
8. September. Der Rath verordnet die Erhebung eines Wiegegeldes von eingehenden und durchgehenden Waaren.
21. September. Ausschreibung einer Hülfssteuer wegen der französischen Contribution.
23. October. Errichtung einer Stadtschulden-Tilgungssteuer (grünes Buch).

1808 29. Februar. *Ausschreiben zur Erhebung von Beiträgen zur Ausgleichungskasse für Kriegslasten.*
Ankunft einer königlichen Commission wegen beabsichtigter Reformation der Universität.
Oberhofprediger Dr. Franz Volkmar Reinhard predigt in der Paulinerkirche.
29. Juli. Der Rath zu Leipzig erlässt eine Aufforderung zu einer unfreiwilligen Anleihe von 1,500,000 Thalern.
25. September. Illumination der Stadt wegen Anwesenheit des Königs Friedrich August von Sachsen.
Gründung der Gesellschaft „Eunomia".

1809 16. April bis 13. Juni. Anwesenheit des Königs Friedrich August in Leipzig.
14. Juni. Errichtung einer Bürgerwache.
22. Juni. Vorpostengefecht der Sachsen mit Oesterreichern und Braunschweigern zwischen Stötteritz und Leipzig.
26.—28. Juni. König Hieronymus von Westphalen in Leipzig.
6. Juli. Einführung eines Wechsel- und Protest-Stempels.

26. Juli. Besetzung Leipzigs durch Herzog Wilhelm Friedrich von Braunschweig-Oels.
9. August. Rückkehr des Königs von Sachsen von Frankfurt am Main. Erleuchtung der Stadt.
Dr. Christoph Friedrich Enke, Pastor an der Nicolaikirche.
4. December. Vierhundertjähriges Jubiläum der Universität. Erhebung der philologischen Gesellschaft des Hofraths Beck zum königlichen philologischen Seminar.
Einrichtung eines Wintergartens durch den Kunstgärtner Christian August Breiter.

1810 Eröffnung des Hebammeninstituts. Professor Dr. Johann Christian Gottfried Jörg, Director.
Einführung der vom Baumeister Dr. Christian Ludwig Stieglitz bearbeiteten Feuerordnung.
29. October. Versiegelung der Kaufgewölbe, Handelsbücher etc. und der englischen Waaren.
1. November. Errichtung des Polizeiamts.
3. November. Wiedereröffnung der Kaufgewölbe.
12., 17., 19., 21. u. 22. December. Oeffentliche Verbrennung englischer Manufacturwaaren.
Von 1801 bis 1810 wurden 14,607 Personen begraben und 12,544 Kinder getauft.

1811 Begründung des Wittwenfiscus für die Lehrer der Bürgerschule.
31. Mai. Verbrennung englischer Waaren.
Organist Riem stiftet eine Singakademie.
Die Stadt Leipzig zählte in diesem Jahre 36,694 Einwohner.

1812 Durchzüge französischer und alliirter Truppen. Einquartierungen.
14. März bis 1. April. Anwesenheit des französischen Marschalls Ney in Leipzig.
20. März. Geburtstagsfeier des Königs von Rom. Erleuchtung der Stadt.
27. September. Allgemeine Erleuchtung der Stadt zur Feier der Siege Napoleons in Russland.
Johann Gottfried Schicht stiftet eine Singakademie.
November. Stiftung der Bibelgesellschaft.

1813 Durchzüge der aus Russland zurückkehrenden Franzosen und Verbündeten.
Errichtung von Militärhospitälern.
27. Februar. Der Rath zu Leipzig ertheilt Vorschriften, die Ausbreitung ansteckender Krankheiten zu verhindern.
6. März. Errichtung einer Bürgerwache.
9. März. Ankunft des Prinzen Eugen Napoleon, Vicekönigs von Italien. Leipzig, das Hauptquartier der grossen Armee. Brigadegeneral Baron Bertrand, Platz-Commandant.
20. März. Feier des Geburtstags des Königs von Rom.
21. März. Abreise des Vicekönigs von Italien.
31. März. Ankunft der ersten Kosakenpatrouille in Leipzig.

1. April. Eintreffen der russischen Avantgarde unter dem Oberst
Grafen von Orloff.
Von Wasmundt, Commandant der Stadt Leipzig.
14. April. Der Eingang englischer Waaren wird wieder freigegeben.
19. April. Leipzig, russisches Hauptquartier des Generals Grafen
von Wittgenstein.
24. April. Die Russen feiern ihr Osterfest auf dem Markte in
der Nacht von 9— 1 Uhr.
26. April. Major von Beust, Commandant der Stadt Leipzig.
29. April. *Der Graf von Wittgenstein verbietet den Handel mit
französischen Waaren.*
1. Mai. C. von Heister, preussischer Generalmajor, Commandant
der Stadt Leipzig.
2. Mai. *Schlacht von Gross-Görschen.*
4. Mai. Marschall Ney, Fürst von der Moskwa, besetzt Leipzig.
Brigadegeneral Baron Bertrand, Ober-Commandant. Oberst
Dupuy, Platz-Commandant.
Vermehrung der Militärhospitäler. Lazarethfieber verbreiten sich.
4. Juni. *Waffenstillstand zwischen den Franzosen und den verbündeten Russen und Preussen.*
7. Juni. General Czernitscheff will sich Leipzigs bemächtigen.
20. Juni. Johann Arrighi, Herzog von Padua, erklärt die
Stadt Leipzigs in Belagerungszustand.
24. Juni. Befehl zu Errichtung einer Bürgergarde.
26. Juni. Auslieferung aller Waffen.
4. Juli. Major Johann Ludwig von Lenz, Commandant der
Bürgergarde.
13. Juli. Erleuchtung der Stadt wegen Ankunft des Kaisers
Napoleon.
16. Juli. Der Belagerungszustand der Stadt Leipzig wird aufgehoben.
17. Juli. Vereinigtes königliches Polizeiamt und Criminalgericht.
10. August. Geburtstagsfeier des Kaisers Napoleon. Erleuchtung
der Stadt.
12. September. Eröffnung einer Stadtanleihe von 400,000 Thlrn.
13. September. Rathswahl. Dr. Friedrich Huldreich Karl Siegmann, Bürgermeister.
21. September. Johann Arrighi, Herzog von Padua, Ober-
Commandant der Stadt Leipzig. Baron Bertrand, Platz-
Commandant.
Vom 3. September bis 1. October starben in den Militärhospitälern
1135 Verwundete.
Verschanzung der äusseren Thore zu Leipzig mit Pallisaden und
spanischen Reutern.
Divisions-General Margaron, Ober-Commandant der Stadt
Leipzig.
13. October. Eine Kanne Butter wird mit zwei Thaler bezahlt.

14. October. Ankunft des Königs Friedrich August in Leipzig.
Vorpostengefecht bei Probstheyda, Liebertwolkwitz und Wachau.
15. October. Graf Wilhelm von Hochberg, Gouverneur der Stadt.
16.—19. October. Völkerschlacht bei Leipzig.
16. October. Siegesgeläute in der Stadt auf Napoleons Befehl.
19. October. Rückzug der Franzosen. Einnahme der Stadt durch die Verbündeten.
Generalmajor von Sanders, Platz-Commandant der Stadt Leipzig.
König Friedrich August von Sachsen wird von den Verbündeten zu ihrem Gefangenen erklärt.
Graf Schuvaloff, russisch-kaiserl. Generaladjutant, Gouverneur der Stadt Leipzig.
21. October. Oberst von Prendel, russischer Commandant, Major von Staffeld, preuss. Commandant der Stadt Leipzig.
22. October. *Fürst Repnin, General-Gouverneur im Königreich Sachsen, Herzogthum Sachsen-Altenburg und in den Reussischen Landen.*
23. October. *Abreise des gefangenen Königs Friedrich August von Sachsen nach Friedrichsfelde bei Berlin, unter Kosaken-Eskorte.*
Aufhebung des Impost auf die Colonial- und englischen Waaren.
Graf von Hardenberg, preuss. Commandant der Stadt Leipzig.
31. October. Lob- und Dankfest wegen des Sieges der Verbündeten über die Franzosen in der Nicolaikirche.
Errichtung des Banners der freiwilligen Sachsen.
4. November. Generalmajor von Elsner, preussischer Commandant der Stadt Leipzig.
8. November. In Leipzigs Lazarethen befanden sich noch 20,000 Verwundete.
Baron von Rosen, russisch-kaiserlicher Oberst, General-Polizeidirector von Sachsen.
9. November. *Verordnung wegen Einrichtung einer Landwehr in Sachsen.*
2. December. *Feierliche Vereidung der sächsischen Landwehr in der Nicolaikirche.*
3. December. *Generalmajor Karl Adolph von Carlowitz, Anführer des Banners der freiwilligen Sachsen.*
17. December. Feierliche Vereidung der Leipziger Landwehr in der Nicolaikirche.
24. December. Feier des Geburtstags des russischen Kaisers Alexander. Erleuchtung der Stadt.
Unter den 3531 Verstorbenen dieses Jahres kommen auf die Zeit vom 23. October bis 31. December, wo die Nervenfieber am verheerendsten wütheten, 1666. In den Militärhospitälern, deren Zahl einmal bis auf 56 stieg, starben vom 9. Januar bis 22. October 3491 Verwundete, während der letzten 10 Wochen des Jahres aber mindestens noch 10,000. Geboren wurden in diesem Jahre 594 Knaben und 602 Mädchen.

1814 **Major von Staffeld**, preussischer Commandant zu Leipzig.
27. Januar. Ankunft der Kaiserin Elisabeth von Russland in Leipzig. Erleuchtung der Stadt.
29. Januar. Dankfest wegen gänzlicher Befreiung Sachsens von feindlichen Heeren.
12. Februar. Geburtstagsfeier des Kaisers Franz von Oesterreich in Leipzig.
13. Februar. Fahnenweihe des ersten Landwehrbataillons in der Nicolaikirche.
26. Februar. Errichtung einer Bildungsanstalt für Feld- und Wundärzte.
1. März. Einführung der Polizeiwache.
3. April. Todtenfeier für den russischen General-Lieutenant Iwan Georgewitsch von Schewitz.
Der Stadt-Commandant Oberst Prendel befiehlt Schonung der Promenaden um die Stadt.
Wiederherstellung der Stadt-Promenaden.
10.—12. April. Siegesfeier in Leipzig wegen der Einnahme von Paris.
17. April. Dankfest wegen der Einnahme von Paris. Erleuchtung der Stadt.
18. April. Einrichtung der Casernen für die russische Garnison im Petersschiessgraben.
5. Juni. Ausschreiben einer ausserordentlichen Stadtanlage von 70,000 Thalern.
Wiederherstellung des Bürgerschulgebäudes.
25., 27. und 29. Juni. Durchmarsch der aus Frankreich zurückkehrenden Russen.
16. Juli. Kaiser Alexander von Russland in Leipzig. Erleuchtung der Stadt.
3. August. Geburtstagsfeier des Königs Friedrich Wilhelm von Preussen. Erleuchtung der Stadt.
11. September. Namensfest des Kaisers Alexander von Russland.
22. September. Dr. Christian Friedrich Illgen stiftet die historisch-theologische Gesellschaft.
19. October. Dankfest zur Erinnerung an die Schlacht bei Leipzig. — Gründung der „Gesellschaft des neunzehnten Octobers".
8. November. *Fürst Repnin übergibt das russische Gouvernement von Sachsen an den preussischen Staatsminister Freiherrn von der Recke und Generalmajor Freiherrn von Gaudi.*
10. November. Oberst Prendel übergibt das Stadt-Commando von Leipzig an den preussischen Generalmajor von Bismark.
11. November. Der Rath zu Leipzig ertheilt dem zeitherigen Stadt-Commandanten Oberst von Prendel das Bürgerrecht.
20. November. Wieder-Einweihung der Johanniskirche und des Arbeitshauses für Freiwillige.
22. November. Ausschreiben einer ausserordentlichen Stadtanlage von 55,000 Thalern.

1. December. Einführung einer Steuer von Luxus-Hunden zum Besten der Armen.
Einrichtung eines Todtenackers für die Juden.
In der Zeit vom Jahre 1811 bis 1814 betrug die Zahl der verstorbenen Stadtbewohner 8431 Personen, die Zahl der getauften Kinder aber nur 5076.

1815 4. Januar. Erstes öffentliches Begräbniss auf dem Judenkirchhof.
6. Januar. Erste Weihnachtsbescheerung der Freimaurerloge Minerva.
Errichtung des Leipziger Börsen-Vereins oder der Börsenhalle.
7. *Februar. Auf dem Fürsten-Congress zu Wien wird die Theilung Sachsens beschlossen.*
19. Februar. Wiedereinweihung der Thomaskirche.
Professor Dr. Heinrich Gottlieb Tzschirner, Pastor an der Thomaskirche und Superintendent.
18. Mai. Friedenstractat zwischen Preussen und Sachsen.
6. Juni. Die preussische Garnison und der Stadt-Commandant Generalmajor von Bismark verlassen Leipzig.
7. Juni. *Rückkehr des Königs* **Friedrich August** *von Sachsen in sein Land.*
18. Juni. Dankfest wegen der Rückkehr des Königs Friedrich August. Erleuchtung der Stadt.
4. Juli. Feier des hundertjährigen Geburtstages Christian Fürchtegott Gellerts.
Wiederherstellung und Verschönerung des an den Banquier Christian Wilhelm Reichenbach gelangten Richter'schen Gartens.
19. August. Ausschreiben einer ausserordentlichen Stadtanlage von 43,358 Thalern.
7. September. Der sächsische Major von Schierbrandt wird Stadt-Commandant zu Leipzig.
Kaufmann Jakob Bernhard Limburger stiftet eine Liedertafel.
30. Octbr. bis 2. Novbr. und 7.—15. Novbr. König Friedrich August in Leipzig. Feierlichkeiten bei seiner Ankunft.
14. November. Ankunft der Kaiserin Elisabeth von Russland in Leipzig. Erleuchtung der Stadt.
In diesem Jahre überstieg nach Verlauf von 71 Jahren die Zahl der Geborenen die Verstorbenen das erstemal wieder und zwar um 304 Personen, geboren wurden 1555 und begraben nur 1251 Personen.
Die Zahl der Einwohner Leipzigs betrug 34,035.

1816 Die Freimaurerloge Balduin zur Linde errichtet ein Sonntagsschule für Handwerker.
Mai. Prof. Hans Friedrich Pohl stiftet die kameralistische Gesellschaft.
Wiederherstellung der Neukirche. — Bau der Aussentreppe an der Kaufmannsbörse.
Erweiterung und theilweiser Neubau des Schauspielhauses. — Theater im Place de repos.

18. Juli. Feier der Richtung des Schauspielhauses. — Begründung eines stehenden Theaters. Dr. Karl Theodor Küstner, Director des Stadttheaters. Aufbau des Gruner'schen Hauses am Rossplatze. — Verschönerung des Halle'schen Pförtchens.
September. Wiederherstellung des Petersschiessgrabens.
1. December. Wiedereinweihung der Peterskirche.
3. December. Einweihung der durch Pater Ignaz Bernhard Mauermann neu eingerichteten katholischen Bürgerschule.
Dr. Friedrich August Benjamin Puchelt gründet das poliklinische Institut.
Umgestaltung des Gebäudes der Loge Minerva zu den drei Palmen.
1817 Wiederherstellung der Paulinerkirche.
Dr. Georg Benedict Winer stiftet die „exegetische Gesellschaft".
11. Juni. Einweihung des Petersschiessgrabens.
Einführung einer Communrepräsentation.
26. August. Eröffnung des erneuerten Schauspielhauses mit Schiller's „Braut von Messina".
Bau des Hintergebäudes des Frauencollegiums.
31. October bis 2. November. *Dreihundertjährige Jubelfeier der Reformation.* — Wiedereinweihung der Paulinerkirche.
1818 9. Januar. Bestätigung der neuen Börsenordnung.
Errichtung einer Mäklerordnung.
Die Leipziger Bibelgesellschaft vereinigt sich mit der Dresdner Bibelgesellschaft als Sächsische Bibelgesellschaft.
9. Juni. Stiftung der naturforschenden Gesellschaft unter Direction des Professors Dr. Christian Friedrich Schwägrichen.
Johann Christian Elze errichtet ein Handelsinstitut.
Verbesserungsbau an der Sternwarte.
1819 *11. Januar. Neue Ordnung der Stempelabgaben.*
28. Februar. Errichtung der s. g. Schrankgesellschaft zu wohlthätigen Zwecken.
26. Mai. Stiftung der homiletischen Gesellschaft der Sachsen unter Leitung des Archidiakon und Prof. Dr. Johann David Goldhorn.
Untersuchungen gegen die Burschenschaften der deutschen Universitäten.
Juni. Aufstellung des Denkmals für den Bürgermeister Dr. Karl Wilhelm Müller in den Parkanlagen.
1. Juni. Einrichtung der Leipziger Feuer-Versicherungs-Anstalt.
Aufhebung der Begräbnissgesellschaft „Bürgerverein".
1820 Stiftung des „evangelischen Missionsvereins".
Sachsenstiftung für Badegäste in Franzensbrunn.
Dr. Friedrich Philipp Ritterich gründet eine Heilanstalt für Augenkranke.
Die Nicolaischule erhält eine neue verbesserte Ordnung.

Einrichtung des **Waageplatzes** und Bau des **Waage-
gebäudes.**
Ankauf des Stieglitz'schen Hauses auf der Gerbergasse für die
Expeditionen der königlichen und städtischen Handelsabgaben.
Bau des Portals am Halle'schen Thore.
Jakob Bernhard **Limburger** errichtet eine **Anstalt zur Aus-
stattung von Bräuten aus dem Waisenhause.**
Der theologische Hörsaal im Paulinum wird als „**Deutsch-
israelitischer Betsaal**" eingerichtet.

1821 Neubau des **Teubner'schen Hauses** (am Augustusplatze).
Ausbesserung der Orgel in der Paulinerkirche.
    1. Juli. Gründung der Gesellschaft „**Thalia**" zur Unterhaltung
eines Liebhabertheaters.
Bau der **Stallmeisterwohnung.**
    8. November. Prof. Dr. Karl Eduard **Otto** stiftet die „**Otto'sche
(juristisch-) dogmatisch-exegetische Gesellschaft**".
    30. December. Stiftung des **Professoren-Vereins zu gesel-
ligen Vergnügungen.**

1822 Neubau des **Logenhauses** der Freimaurerlogen „**Balduin zur
Linde**" und „**Apollo**" hinter der Neukirche.
    7. Mai. Feier des 600jährigen Bestehens der Thomasschule.
    3. Juni. Eröffnung der von Dr. **Struve** (in Dresden) in Reichels
Garten errichteten **Mineralwasser-Trinkanstalt.**
Heinrich Benjamin **Kirchner** und Christoph Friedr. **Kreussler**
errichten eine Unterrichtsanstalt für Knaben und Mädchen.
    4. Juli. Organist Gotthelf Traugott **Wagner** stiftet den „**Pau-
liner Sängerverein**". (Stiftungsfest am 9. Juli 1822.)
Die Universität erlässt neue Gesetze für die Studirenden.
Gründung der Theater-Pensions-Anstalt.
Christian Leberecht Blatspiel errichtet eine Unterstützungs- und
Versorgungsanstalt für Handlungsbeflissene.
*Erste Versammlung der deutschen Naturforscher und Aerzte in
Leipzig.*

1823 Der Rath der Stadt Leipzig erlässt für sämmtliche Schulen eine
neue Ordnung.
Abtragung des Ranstädter Schiessgrabens.
    11. Juni. M. Karl Gustav **Küchler** stiftet die „**exegetisch-
dogmatische Gesellschaft**".
    25. August. Dr. Johann Konrad **Sickel**, Bürgermeister.

1824 *Hagelschäden-Versicherungsgesellschaft für Sachsen.*
Karl Gottlieb **Hander** errichtet eine Lehranstalt für Knaben.
    27. Juni. König Friedrich August verordnet einen **ausser-
ordentlichen Bevollmächtigten der Regierung bei der
Universität.**
Neubau des kleinen Fürstencollegiums.
    24. Juli. König Friedrich August gibt der Stadt Leipzig eine
besondere **Accisverfassung.**
    6. August. Gründung des **Vereins für Erforschung vater-
ländischer Alterthümer.**

27. August. Hinrichtung des Mörders Joh. Christian Woyzeck auf dem Markte.
30. August. **Aufhebung der Thorsperre und der Thorgroschenabgabe.**
Johann Ludwig Hartz begründet eine Anstalt zur **Aufsichtsführung über Ziehkinder**, durch eine Schenkung von 2500 Thalern.
Bildung des Musikvereins, seit 1828 „**Euterpe**" genannt.
Von 1815 bis 1824 wurden getauft 13,260 Kinder und begraben 11,889 Personen.

1825 Der Waagedirector Wilhelm Friedrich Götz begründet einen **Freitisch für Studirende**.
Börsenverein deutscher Buchhändler zur Erleichterung des Verkehrs und zur Milderung des schweren Druckes der Censur.
30. Mai. Einweihung des **Armenschulgebäudes auf der Holzgasse**.
Bau des rechten Flügels des Bürgerschulgebäudes.
Bildung des „**Cassenvereins**" zur Hebung des Handelscredits.
21. October. Errichtung der **polytechnischen Gesellschaft**.

1826 20. Februar. Eröffnung der „**Sparcasse und des Leihhauses**" im Waagegebäude.
Prof. Plato begründet den „**katechetisch-pädagogischen Verein**".
Dr. Fleck stiftet die „**exegetische Gesellschaft**".
Juni. Professor Karl Heinrich Frotscher eröffnet die Uebungen der „**Lateinischen Gesellschaft**".
Vereinigung der beiden Schützengesellschaften.

1827 4. März. Bildung des „**Frauenvereins**" zur Unterstützung armer Wöchnerinnen.
Erneuerung der „Deutschen Gesellschaft" als „**Deutsche Gesellschaft zur Erforschung vaterländischer Sprache und Alterthümer**".
Vereinigung der Bibliothek der „Deutschen Gesellschaft" mit der Stadtbibliothek.
5. Mai. *Tod des Königs* **Friedrich August.** *König* Anton *Clemens Theodor.*
Neubau des Stockhauses.
Einführung der „Leichenschau" durch Leichenschauärzte.
Erbhuldigungsfeierlichkeiten in Leipzig. Erleuchtung der Stadt.

1828 Christian Gottfried Wieprecht errichtet ein Reitinstitut.
1. März. Errichtung der „**Discontocasse**".
M. Karl Friedrich August Nobbe, Rector der Nicolaischule.
Dr. Emil Vogel begründet eine „**Gesellschaft für deutsche Sprache und Literatur**".
Musikalische Abendunterhaltungen der Gesellschaft „Euterpe".

1829 1. Januar. Professor Dr. Christian Gottlob Leberecht Grossmann, Pastor an der Thomaskirche und Superintendent.
23. Januar. Stiftung der **medicinischen Gesellschaft**.

28. Februar. König Anton hebt das Concilium perpetuum auf und verordnet ein besonderes „Universitätsgericht". — Dr. Karl Adolph Rüling, Universitätsrichter.
29. März. Errichtung des Bürgervereins.
10. August. Gründung der Gesellschaft homöopatischer Aerzte.
9. September. Gründung des Gesangvereins „Orpheus".
25. November. Die polytechnische Gesellschaft eröffnet eine Sonntagsschule.

1830 6. Februar. König Anton gibt der Universität eine neue Verfassung. — Einrichtung der Universitäts-Rentverwalterei. Sigismund Gottlob Wachs, erster Rentmeister.
19. April. Landesherrliche Bestätigung der historisch-theologischen Gesellschaft.
Gründung der Lebensversicherungsgesellschaft.
Einige Mitglieder der polytechnischen Gesellschaft stiften einen Krankenhilfsverein.
26.—27. Juni. *300jährige Jubelfeier der Augsburgischen Confession* unter allgemeiner Missstimmung über polizeiliche Willkür.
28. Juni. Feierliches Begräbniss des erschlagenen Handlungsgehilfens Gottschalk.
2. und 3. September. Unruhen, zunächst veranlasst durch polizeiliche Störung eines Polterabends und überhaupt gerichtet gegen die Uebergriffe der Polizei.
4. September. Stürmische Verhandlung der Bürger mit dem Stadtrathe auf dem Rathhause. Abdankung des Polizeipräsidenten von Ende. Aufhören des Polizeiinstituts. Zerstörung der Wohnungen einiger Polizeibeamten, der Sommerwohnung des Rathsbaumeisters Johann Gottfried Erckels und mehrerer Freudenhäuser.
5. September. Bildung einer Communalgarde aus Bürgern und Studenten, unter Commando des Rittmeisters Ernst Wolf von Löben.
6. September. Ankunft einer königlichen Commission zur Untersuchung des Aufstandes und Abhülfe missliebiger Zustände. Militärische Besatzung.
15. September. *Prinz* **Friedrich August** *wird zum Mitregenten ernannt.* Erleuchtung der Stadt.
Wiederherstellung der Polizei unter dem Namen einer „Sicherheitsdeputation".
Bildung einer Communrepräsentantschaft unter Vorstand des Ordinarius Dr. Karl Friedrich Günther.
18. October. Einzug der Schützen als Garnison der Stadt. Oberst Gustav von Nostitz, Stadt-Commandant.
31. October. Glänzende Feier des Reformationsfestes. Erleuchtung der Stadt. — Die Handlungsdiener stiften einen Verein zur Unterstützung hülfsbedürftiger Handlungsgenossen.
Abtragung des Grimmaischen Thores.
Begründung der Gesellschaften „Euphrosyne" und „Tunnel".

Der Rath verkauft auf Antrag der Communrepräsentanten das Dorf Gohlis ohne Gerichtsbarkeit an einen Hrn. von Alvensleben.
Verhandlungen zu zeitgemässer Organisation des Stadtraths. — Trennung der Gerichtspflege von der Verwaltung.
December. Frau Eleonore Seyffert stiftet den Frauenhilfsverein zur Unterhaltung einer Suppenanstalt für die Armen.
Vereinigung der Leipziger und Dresdener Lotterie in eine Landeslotterie.
In diesem Jahre betrug Leipzigs Einwohnerzahl 39,930.

1831 *Die politische „Leipziger Zeitung" erscheint auf Staatskosten.*
    1. Januar. Stiftung eines Sparcassen-Vereins unter dem Namen „Phönixverein".
    23. Januar. Eröffnung der Handelslehranstalt. August Schiebe, Director.
    26. März. Wahl des Stadtraths nach der neuen Stadtverfassung. Dr. Karl Friedrich Schaarschmidt, Oberbürgermeister.
    5. April. Einführung des neuen Stadtraths.
Johann August Adolph Winter, Stadtrichter.
Wilhelm August Rothe, Criminalrichter.
    19. April. Das Landgericht des Raths tritt an die Stelle der s. g. Landstube. Friedrich Wilhelm Stockmann, Landgerichtsdirector.
Die Dresdener April-Unruhen veranlassen Leipzig, Ergebenheits-Adressen an die Regierung zu senden.
Errichtung eines Censurcollegiums.
    30. August. Unruhen wegen Beziehung des neuen, für die Communalgarde bestimmten Wachtlocals.
    1. September. Auflösung der sechsten Compagnie der Communalgarde.
Oberbürgermeister Dr. Karl Friedrich Schaarschmidt legt sein Amt nieder. Dr. Christian Adolph Deutrich, Bürgermeister.
    4. September. König Anton und Prinz Mitregent Friedrich August ertheilen dem Königreich Sachsen eine Constitution.
Stiftung des „Bürgerhilfsvereins" zur Hebung des Credits.
Erste Industrie-Ausstellung veranstaltet durch die polytechnische Gesellschaft.
    7. October. Bildung des Stadtverordneten-Collegiums.
    31. October. Professor Dr. Karl Klien, Rector der Universität, stiftet ein Constitutionsstipendium.
Dr. Ernst Aug. Carus errichtet ein orthopädisches Institut.
    4. December. Feierliche Grundsteinlegung zu dem Universitätsgebäude „Augusteum".

1832 7. Januar. Landesherrliche Bestätigung der medicinischen Gesellschaft.
    28. April. M. Johann Gottlob Hanschmann, Lehrer an der Raths-Freischule, stiftet den Landschullehrer-Verein.
    15. Mai. Bei der allgemeinen Volkszählung fand man in Leipzig 43,189 Einwohner.

Umgestaltung der Sandgrube in das s. g. Johannisthal durch Anlegung zu verpachtender Gärtchen.
Schleussenbau im Johannisthale.
Bau des vom Kaufmann Johann Ludw. Hartz gestifteten Armenhauses.
Erlass einer neuen Feuerordnung.
Einführung eines neuen Unterrichtsplans bei der Thomasschule.
29. Juni. Enthüllung des von den Schwestern Podleska für ihren Lehrer Johann Adam Hiller errichteten Denkmals.
Bau des Café français am Grimmaischen Thore und des s. g. römischen Hauses auf der Zeitzer Strasse.
4. September. Constitutionsfest.
8. September. Bestätigung und Eröffnung des Schullehrervereins der Ephorie Leipzig.
6. November. Superintendent Dr. Christian Gottlob Leberecht Grossmann gründet den Evangelischen Verein der Gustav-Adolph-Stiftung.
16. November. Gründung der Gesellschaft „Hesperia".
Erbauung des Schiesshauses vor dem Hinterthore.
Dr. Johann Karl Christoph Vogel, Director der Bürgerschule.
1833 Die ökonomische Societät gibt einen verbesserten „Volkskalender" heraus.
22. Januar. Eröffnung der homöopathischen Heilanstalt.
3. Februar. Begründung eines allgemeinen Handlungsdienerclub.
4. Februar. Stiftung des Kunst- und Gewerbe-Vereins.
17. März. Gründung des Zöllnervereins.
Neue Organisation der Bürgerschule als Elementarschule, Bürgerschule und Realschule (oder höhere Bürgerschule).
3. April. Erlass einer neuen Ordnung für die Universitäts-Bibliothek. Bibliotheks-Commission. Ernst Gotthelf Gersdorf, Oberbibliothekar.
M. Johann Christian Dolz, Director der Raths-Freischule.
29. Mai. Einweihung des Schiesshauses am Hinterthore.
24. Juni. Einweihung des Johannisthals.
14. Juli. Erstes Kirschfest der Armenschule im Johannisthale.
September. Zweite Kunst- und Industrie-Ausstellung, veranstaltet durch die polytechnische Gesellschaft.
Oeser's Deckengemälde im Concertsaale wird überpinselt.
Anschluss des Königreichs Sachsen an den deutschen Zollverein.
1834 1. Januar. Einführung des Gesetzes der indirecten Besteuerung.
März. Die vertraute Gesellschaft errichtet die erste Kleinkinderbewahr-Anstalt.
Einrichtung der theologischen Candidaten-Prüfungen.
18. April. Einführung der Quästur bei der Universität.
Erneuerung des philologischen Seminars. — Stipendiaten-Ordnung.
Stiftung des Dienstägigen Prediger-Collegiums.

Umgestaltung des akademischen Gottesdienstes. Dr. August Ludwig Gottlob Krehl, Universitätsprediger. — Stiftung eines homiletischen Seminars.
Erbauung des Glockenstuhls auf dem Thomasthurme.
20. August. Feierliche Einweihung des Schützenhauses.
26. October. Grundsteinlegung zur „deutschen Buchhändler-Börse", an der Stelle der vormaligen Bursa Bavarica.
31. October. Anordnung jährlicher Preisaufgaben bei der Universität.
8. December. Die allgemeine Volkszählung ergibt für die Stadt Leipzig 44,802 Einwohner.
Vom Jahre 1825 bis 1834 wurden 12,882 Kinder getauft und 12,535 Personen begraben.

1835 1. Januar. Einführung der Schlachtsteuer.
Aufhebung des Schöppenstuhls, Oberhofgerichts und Consistoriums.
Einrichtung eines Appellationsgerichts. Dr. Johann Konrad Sickel, Präsident.
Einrichtung der Leipziger Kreisdirection. Johann Paul von Falkenstein, Kreisdirector.
Dr. Johann David Goldhorn, Pastor an der Nikolaikirche.
M. Gottfried Stallbaum, Rector der Thomasschule.
20. Mai. Eugen Petzold, Student der Musik, stiftet den „philharmonischen Verein" für Männergesang.
Bau des Hauses der Augenheil-Anstalt.
Die Studirenden erhalten neue Disciplinargesetze. — Erlass eines Convictgesetzes.
Errichtung eines Leichenhauses zur Beobachtung des Scheintodes.
Vorbereitungen zum Bau einer Eisenbahn von Leipzig nach Dresden. Die Leipzig-Dresdner Eisenbahngesellschaft erkauft das vormalige Georgenvorwerk zum Bau des Bahnhofes.
Ausbesserungsbau des Neukirchthums. Anschaffung einer neuen Glocke.
September. Dritte Kunst- und Industrie-Ausstellung der polytechnischen Gesellschaft.
22. October. Gründung der Gesellschaft „Resource-Casino".
16. November. Erlass einer Getreidemarktordnung.

1836 Oberst Karl August von Leonhardi, Stadtcommandant.
Neue Einrichtung des Naturalien-Cabinets der Universität. Begründung des zoologischen Museums. — Professor Dr. Eduard Pöppig, Director.
26. April. Einweihung der „deutschen Buchhändlerbörse".
6. Juni. Tod des Königs Anton Clemens Theodor. König Friedrich August II.
3. August. Feierliche Einweihung des Augusteums. — Augustusplatz.
Beginn des Baues der Leipzig-Dresdner Eisenbahn.
3. October. Grundsteinlegung zum Bau des neuen Postgebäudes auf der Stelle des vormaligen weissen Schwans.

1837 Dr. Karl Gottfried Bauer, Pastor an der Nikolaikirche.
Gottlob Kunath, Director der Armenschule.
24. April. Eröffnung der Leipzig-Dresdner Eisenbahn von Leipzig bis zum Dorfe Althen.
Dr. Johann Ludwig Wilhelm Beck, Präsident des Appellationsgerichts.
Erlass einer neuen Feuerordnung und eines Reglements für die Communalgarde bei Feuersgefahr.
Bau der Pleissenbrücke.
Beginn des Baues der zweiten Bürgerschule.
Errichtung der Gasbereitungs-Anstalt unter Leitung des Commissionsrathes Blochmann aus Dresden.
16. September. Richtfeier des neuen Postgebäudes.
1. October. Erste Nummer der „Leipziger Allgemeinen Zeitung" im Verlage von F. A. Brockhaus.
October. Die Kramer erhalten ein Regulativ über das Recht, Lehrlinge zu halten.
10. November. Abschaffung und Verbot der Zugaben und Geschenke zu Weihnachten.
Gründung der Gesellschaft „Glocke".
3. December. Bei der allgemeinen Volkszählung werden in der Stadt Leipzig 47,514 Einwohner gefunden.
Gründung des Leipziger Kunstvereins.
1838 Dr. Friedrich Ludwig Meissner gründet eine ärztliche Berathungsanstalt für Frauen.
Gesetzliche Anordnung der Geburtstagsfeier des Königs in den Schulen.
14. Mai. Gründung des Vereins zur Beförderung des Seidenbaues. Maulbeerbaumpflanzungen.
Bau der Caserne B. in der Pleissenburg.
Uferbau der Elsterbrücke bei dem Jakobshospitale.
Verschönerung des Rosenthals.
Die östliche Giebelseite der Paulinerkirche wird in gothischem Style verziert.
Gründung des Gesangvereins „Ossian".
Einführung einer Hundesteuer.
4. September. Erste Gasbeleuchtung der Stadt Leipzig.
September. Vierte Kunst- und Industrie-Ausstellung, von der polytechnischen Gesellschaft veranstaltet.
15. October. Einweihung des neuen königlichen Postgebäudes.
Einrichtung von Briefsammlungen.
1839 *1. Januar. Aufhebung des Bier- und Mahlzwangs.*
Namenveränderung mehrerer Strassen, Gassen und Plätze. Einführung der Strassennummern der Häuser.
18. Februar. Hauptmann Adolph Wilhelm Aster, Commandant der Communalgarde.
7. April. Vollständige Eröffnung der Leipzig-Dresdner Eisenbahn.

Dreihundertjähriges Jubelfest der Kirchenreformation der
Stadt Leipzig. Erleuchtung der Stadt.
Neuer Anbau der Antonstrasse, Inselstrasse, Kreuz- und
Lange Strasse in der Friedrichs-Vorstadt.
Entstehung der Eisenbahn-, Mittel-, Reudnitzer- und
Tauchaer Strasse in der Marien-Vorstadt.
Begründung der Leipziger Bank.
Bau des Packkammergebäudes. Packhofgasse.
9. September. Stiftung des Männergesang-Vereins „Orpheus".
Dr. Julius Fürst, mosaischen Glaubens, wird Lector der ara-
mäischen und talmudischen Sprachen bei der Universität.
1840 Eröffnung der zweiten Bürgerschule.
22. Januar. Dr. Johann Karl Gross, Bürgermeister.
Verlängerung der Eisenbahn bis an die Landesgränze zum Anschluss an die Magdeburg-Leipziger-Eisenbahn.
24.—26. Juni. Vierhundertjähriges Jubelfest der Erfindung
der Buchdruckerkunst. Festsalon auf dem Augustusplatze,
erbaut vom Zimmermeister Karl Stephan Richter. Erleuchtung der Stadt.
18. August. Eröffnung der Magdeburg-Leipziger Eisenbahn in ihrer ganzen Ausdehnung.
Der Theater-Secretair Robert Blum gründet den „Schiller-
Verein" zum Andenken an den Dichter Friedrich von Schiller.
3. December. Leipzigs Einwohnerzahl betrug an diesem Tage
50,261.
1841 Oberstlieutenant (nachmals Oberst) August von Buttlar, Stadt-
commandant.
18. Juni. Die Johanniskirche erhält ein neues Geläute.
27. Juni. Wegen Baufälligkeit der Schloss-Capelle wird der
römisch-katholische Gottesdienst in die Neukirche verlegt.
4. September. Aufstellung der vom Uhrmacher Ludwig Wilhelm
Scholle der Stadt geschenkten Normaluhr auf dem Rath-
hausthurme.
Karl Joseph Bernhard Neher, Director der Kunstakademie.
1842 28. Januar. Begründung des Literaten-Vereins.
Einrichtung der Buchhändler-Bestell-Anstalt.
Apotheker Ludwig August Neubert eröffnet eine Bade- und
Schwimm-Anstalt im Elsterflusse.
6. Juni. Aufstellung des Gellertdenkmals auf dem Schnecken-
berge.
19. September. Eröffnung der Sächsisch-Bayerschen Eisenbahn von Leipzig bis Altenburg.
24. September. Eröffnung einer Oelbörse.
Moritz Hauptmann, Cantor an der Thomasschule.
20. November. Gründung des Leipziger Advocaten-Vereins.
1843 14. Januar. Stiftung der chirurgischen Gesellschaft.
1. April. Erste Nummer der „Deutschen Allgemeinen Zeitung"
in Brockhaus' Verlag unter Prof. F. Bülau's Redaction.
2. April. Begründung des Conservatoriums der Musik.

23. April. Enthüllung des **Denkmals** für Johann Sebastian Bach.
Bau des Universitätsgebäudes „**Fridericianum**".
Dr. Karl Christian Friedrich **Siegel**, Pastor zu St. Nikolai.
9. September. Grundsteinlegung zum **Denkmal für Albrecht Thaer**.
Erneuerung und Erweiterung des **Vereins zur Feier des neunzehnten Octobers**.
3. December. Leipzig zählt 54,519 Einwohner.
12. December. Gründung des **Gärtner-Vereins**.
Bau der **römisch-katholischen Kirche** im vormaligen Rudolph'schen Garten.

1844 17. Januar. Eröffnung des Lese-Instituts „**neues Museum**".
Die vertraute Gesellschaft errichtet die **zweite Kleinkinder-Bewahranstalt**.
Dr. Christian Gustav **Haase**, Commandant der Communalgarde.
1. Februar. Errichtung einer **Arbeitsnachweisungsanstalt**.
Bau der **Königs-, Bosen- und Lindenstrasse** im vormaligen Bosen(Roimer)schen Garten.
Bau des **Universitäts-Convictgebäudes**.
Heinrich Balthasar **Kirchner**, Director der Armenschule.
1. Juli. Stiftung des **ärztlichen Vereins**.
13. November. Gründung der **astronomischen Gesellschaft**.
Eduard von **Broizem**, Kreisdirector.
Vom Jahre 1835 bis 1844 wurden 15,742 Kinder geboren und 14,175 Personen begraben.

1845 Februar. Bildung und Einrichtung der **deutsch-katholischen Gemeinde**. Franz **Rauch**, Pfarrer derselben.
5. Juli. Kaufmann Karl Lampe errichtet auf der vormaligen s. g. Milchinsel, am Ausgange der Mittelstrasse, ein **Denkmal der Leipziger Völkerschlacht**.
Errichtung des **neuen Gottesackers** bei den Thonberg-Strassenhäusern.
25. Juli. Gründung des **Turnvereins**.
12. August. Revue der Communalgarde bei Anwesenheit des Generalcommandanten Prinz Johann. — Missstimmung. Der Angriff des Militairs auf vermeintliche Ruhestörer kostet einigen wehrlosen Einwohnern das Leben.
Feierliches Begräbniss der wehrlos Gefallenen.
20. October. Einweihung des neuen **Convictsaals**.
Dr. Heinrich Wilhelm **Neumeister**, Commandant der Communalgarde.

1846 12. Januar. Gründung des **Pestalozzi-Vereins**.
18. Februar. Begründung der **Lutherstiftung**.
Oberst Albrecht Ernst Stellanus Graf von **Holtzendorff**, Stadtcommandant.
6. Juli. Stiftung der **K. Sächs. Gesellschaft der Wissenschaften**.
30. Juli. Gründung des **Gabelsberger'schen Stenographen-Vereins**.

29. August. Errichtung des Europäischen Club. — Brand des Hôtel de Pologne auf der Hainstrasse.
Einweihung der neuen römisch-katholischen Kirche.
15. November. Einweihung der von Johann Gottlob Mende neuerbauten Orgel in der Paulinerkirche.

1847. Kaufmann Fedor Wilisch gründet einen Privat-Sparkassen-Verein.
Professor Dr. Gottlieb Christoph Adolph Harless, Pastor an der Nikolaikirche.
12. September. Einweihung des neuen Logengebäudes der Freimaurerlogen Balduin zur Linde und Apollo in der Elsterstrasse.
24. October. Die von Johann Gottlob Mende neuerbaute Orgel in der Neukirche wird eingeweiht.
16. December. Gründung der Gesellschaft „Amicitia".

1848 1. Januar. Eröffnung der permanenten Kunstausstellung von Del Vecchio.
1. Februar. Gründung des Gesindenachweisungsbureau.
Generalmajor Friedrich Leopold von Heintz, Stadtcommandant.
10. März. Stiftung des handelswissenschaftlichen Vereins.
16. April. Bildung eines Dienstmädchen-Vereins.
Buchhändler Robert Blum und Professor Heinrich Wuttke werden zu Abgeordneten bei der National-Versammlung zu Frankfurt am Main gewählt.
Gründung eines Miethbewohner-Vereins und eines Grundstücksbesitzer-Vereins.
Hermann Adolph Klinger, Bürgermeister.
Begründung eines kirchlichen Vereins für alle Religionsbekenntnisse.
16. Juni. Stiftung des Innungsmeister-Vereins.
6. September. Erneuerung des Leipziger Lehrer-Vereins.
12. November. Der Leipziger Kunst-Verein eröffnet ein Kunstmuseum.
Errichtung einer dritten Bürgerschule. Dr. Karl Ramshorn, Director derselben.

1849 Todtenfeier für Robert Blum, welcher am 9. November 1848 zu Wien standrechtlich erschossen worden war.
Major Eduard Christoph von Reitzenstein, Stadtcommandant.
8. Februar. Stiftung des landwirthschaftlichen Kreisvereins.
Mai. Unruhen wegen Durchführung der zu Frankfurt a. M. vereinbarten Reichsverfassung.
Bürgermeister Hermann Adolph Klinger legt sein Amt nieder.
30. Juni. Karl Wilhelm Otto Koch, Bürgermeister.
Errichtung einer Wittwencasse der Aerzte, Wundärzte, Thierärzte und Apotheker in Leipzig.
30. Juli. Gründung des Leipziger Lehrer-Funeral-Cassenvereins.
Bau der Lagerhäuser und der Centralhalle.
Die Universität baut das Mauricianum.
Gründung eines Malervereins.

Gründung des städtischen **Kunstmuseums**.
3. December beträgt Leipzigs Einwohnerzahl 62,245.
1850 Oberst Heinrich Gustav Friedrich von Hake, Stadtcommandant.
Gründung der dritten **Kleinkinder-Bewahranstalt**.
Dr. Ernst Innocenz Hauschild gründet das „**Moderne Gesammt-Gymnasium**".
Industrie-Ausstellung in der Centralhalle.
27. September. Enthüllung des **Thaer-Denkmals**.
Bruno von Schimpff, Ober-Post-Director.
1851 Dr. Johann Christian Sigismund Lechner, Director der Raths-Freischule.
Gründung eines **Erziehungs-Vereins** für verwahrloste und verkümmerte Kinder.
10. August. Enthüllung des **Denkmals** für Dr. Samuel Hahnemann, den Begründer der Homöopathie.
Stiftung des Vereins zur Begründung einer **Volksbibliothek**.
Johann Friedrich Ahlfeld, Pastor an der Nikolaikirche.
1852 Bau des Gebäudes der dritten **Bürgerschule**.
2. December. Gründung der Renten-, Capital- und Versicherungsbank „**Teutonia**".
3. December. Leipzig zählt 66,682 Einwohner.
1853 2. Januar. Eröffnung der **Lehranstalt für Buchhandlungslehrlinge**.
Hermann Ziegler, Pfarrer der deutsch-katholischen Gemeinde.
Gründung des **pharmakognostischen Museums**.
Einrichtung einer **Producten-Börse**.
Versteigerung der Münzen der Stadt-Bibliothek.
21. Mai. Grundsteinlegung zum „**neuen Armenhause**".
Neubau im Trier'schen Hebammeninstitut.
4. Juni. Eröffnung des **Sommertheaters** in Gerhards Garten.
Vollendung des Königl. **Hauptzoll-Gebäudes**.
Beginn des Baues der städtischen **Fleischhalle** am obern Park.
16. October. Errichtung der vierten **Kleinkinder-Bewahranstalt**.
1854 21. April. Stiftung der **Gesellschaft für Geburtshülfe** in Leipzig.
9. August. Tod des Königs **Friedrich August** *zu Brennbüchl in Tyrol.* **Johann**, *König von Sachsen.*
Stiftung des Begräbnissvereins „**Atropos**".
Einweihung des neuen **Armenhauses**.
Vom Jahre 1845 bis 1854 betrug die Zahl der Geborenen 21,852 und die der Verstorbenen 18,840.
1855 Januar. Stiftung des **Vincentius-Vereins**.
Karl Hermann von Kraushaar, Kreisdirector.
Dr. Karl Hennig errichtet eine **Kinderheilanstalt**.
Bau des **Thüringer Bahnhofs**.
3. December. Die allgemeine Volkszählung ergibt für Leipzig 69,986 Einwohner.

1856 Erweiterung des Malervereins in einen Maler-, Lackirer- und Vergoldervereins.
  28. April. Der Begräbnissverein „Atropos" wird bestätigt.
  7. Juni. Einführung concessionirter Einspänner.
  Juli. Grundsteinlegung zu dem nach dem Grundrisse des Professors Ludwig Lange in München zu erbauenden „Museum".
  Karl Ludwig Gottlieb von Burgsdorf, Kreisdirector.
1857 Die Stadt Leipzig übergibt die Gerichtsbarkeit an den Staat.
  Einrichtung des Königl. Bezirksgerichts Leipzig und der Gerichtsämter Leipzig I. und II.
  Bau und Einrichtung des Königl. Justizgebäudes.
  30. Januar. Stiftung der Mikroskop-Gesellschaft.
1858 Stiftung des kaufmännischen Vereins.
  20. Mai. Stiftung des Stolze'schen Stenographen-Vereins.
  Dr. Gotthardt Victor Lechler, Professor der Theologie, Pastor an der Thomaskirche und Superintendent der Ephorie Leipzig I.
  M. Gottfried Friedrich Volbeding, Pastor zu Schönefeld, Superintendent der Ephorie Leipzig II.
  Eröffnung der Berlin-Anhaltischen Eisenbahn nach Bitterfeld etc.
  10. November. Gründung des Leipziger Künstler-Vereins.
  3. December. Bei der allgemeinen Volkszählung fanden sich in Leipzig 74,116 Einwohner.
  17. December. Stiftung des Gabelsberger Stenographen-Vereins „Saxonia".
  Eröffnung und Einweihung des Museums.
1859 9. Februar. Gründung der Gabelsberger Gesellschaft für Kurzschrift.
  Oberst Bernhard von Schimpff, Stadt-Commandant.
  11. März. Stiftung des Vereins zur Förderung geistiger Interessen des Judenthums.
  9.—11. November. Feier des hundertjährigen Geburtstags des Dichters Friedrich von Schiller.
1860 Gründung der Gellertstiftung. Vereinigung des Erziehungsvereins mit der Gellertstiftung.
  19. März. Constituirung der Schillerstiftung.
  4. April. Constituirung der Advocaten-Kammer.
  Juni. Kirchen-Visitation in Leipzig.
  Bau der Landfleischerhalle.
  27. August. Furchtbares Hagelwetter.
1861 19. Februar. Stiftung des „Gewerblichen Bildungs-Vereins".
  11. März. Gründung des Vereins von Freunden der Erdkunde.
  Einweihung und Eröffnung des Museums.
  Dr. Karl Heinrich Adalbert Lipsius, Rector der Thomasschule.
  Pastor Dr. Johann Friedr. Ahlfeld gründet den Junggesellenverein.
  Juni. Einführung der Omnibuswagen des Fiacres-Vereins.
  Juli. Gründung der Leipziger Omnibus-Gesellschaft.

15. Juli. Gründung des Leipziger Packträger-Instituts.
15. August. Stiftung des Leipziger Packträger-Vereins.
Erbauung des Königlichen Palais am obern Park.
19. September. Maximilian Bachmann und Rathsgärtner Wittenberg errichten eine Gartenbaugesellschaft.
Gründung der pädagogischen Gesellschaft und des Uebungs-Schulvereins.
3. December. Leipzig zählt 78,495 Einwohner.
7. December. Der Rath erlässt den Tarif für die künftige Erhebung des Damm- und Brückengeldes.
31. December. Aufhören der städtischen Thorabgaben. Leipzig eine offene Stadt.

1862 1. Januar. Einführung des städtischen Damm- und Brückengeldes.
Professor Dr. Friedrich Kraner, zeither Rector zu Zwickau, Rector der Thomasschule.
10. Mai. Eröffnung der vierten Bürgerschule. Dr. Ernst Innocenz Hauschild, Director derselben.
Gottlob Friedrich Wehrhan, Oberlieutenant v. d. Armee, Commandant der Communalgarde.
30. Juni bis 9. Juli. Anwesenheit des Königs Johann zur Einweihung des Königlichen Palais.
16. November. Einweihung der von Ladegast erbauten neuen Orgel in der Nikolaikirche.
8. December. Erster Abendgottesdienst in der Universitätskirche.
Gründung des Prediger-Collegiums zu St. Pauli.
Gustav Eduard Schott, Director der zweiten Bürgerschule.
Die Innungen der Baugewerke, Böttcher, Buchbinder, Gold-, Silber- und Juwelen-Arbeiter, Huf- und Waffenschmiede, Kammmacher, Klempner, Posamentirer, Schneider, Täschner und Tapezirer, Wagner und Stellmacher erhalten neue Statuten.

1863 Gründung der zweiten Armenschule. Dr. Ludwig Schön, Director derselben.
Die Innungen der Bäcker und Kürschner erhalten neue Statuten.
8. März. Einweihung der neuen Turnhalle.
1. April. Karl Otto Bulnheim, Director der ersten Bürgerschule.
Dr. Karl Theodor Wagner, Director der Realschule.
9. April. Einweihung des neuen Schulgebäudes der ersten Armenschule. — Dr. Otto Fiebig eröffnet den Lehrcursus für erwachsene Töchter zur Ausbildung für das praktische Leben im kaufmännischen und gewerblichen Geschäftsbetriebe.

Geschichtskalender

zu den

Gedenktagen merkwürdiger Söhne und Töchter Leipzigs.

Lipsius.

Januar.

1. 1504 ward geboren **Kaspar Creuziger.** Er starb als Professor der Theologie und Schlossprediger zu Wittenberg am 16. November 1548, um seine Vaterstadt bei Einführung der Kirchenreformation (1539) hochverdient.

1578 † Dr. **Johann Pfeffinger**, Professor der Theologie, Pastor zu St. Nicolai und Superintendent (1540), geboren 27. December 1493 zu Wasserburg in Oberbayern.

1649 geboren Friedrich Benedict **Carpzow**, † als Rathsherr und Baumeister am 20. Mai 1699. Einer der ersten Beförderer der Acta Eruditorum (1682).

1655 geboren **Christian Thomasius**, † als Professor der Rechte und Director der Universität zu Halle am 23. Septbr. 1728. Berühmter Gegner der Hexenprocesse.

1708 geboren Anton Wilhelm **Plaz**, † als Professor der Therapie am 26. Februar 1784.

1843 † M. **Johann Christian Dolz**, Director der Raths-Freischule, geboren zu Golsen in der Niederlausitz am 6. November 1769.

2. 1552 † Dr. Bernhard **Ziegler**, Professor der Theologie, geboren 10. November 1496.

1605 † der Kaufmann Johann **Brisingk** aus Cöln am Rhein, Stifter der Sonnabendspredigt zu St. Nicolai.

1670 geboren Heinrich **Pipping**, † als Oberhofprediger zu Dresden am 22. April 1722.

1717 geboren Jakob Heinrich **Born**. Er ward Dr. der Rechte und † als Bürgermeister am 3. December 1775.

1732 † der Kaufmann Peter **Hohmann**, Rathsherr und Baumeister, Stammvater der Grafen von Hohenthal, geboren 26. Juli 1663 zu Könnern.

1798 † M. Christian Heinrich Gottlieb **Weber**, Actuar der Juristen-Facultät, geboren in St. Kilian im Hennebergischen.

Januar.
- **3.** 1530 geboren **David Peifer**, † als kursächsischer Canzler am 1. Februar 1602. Er sicherte sein Andenken durch milde Stiftungen und schrieb zuerst eine Geschichte der Stadt Leipzig.
  - 1580 † der Rathsherr Hanns **Canzler**.
  - 1721 † Gottfried **Otto**, Kaufmann und Rathsherr.
  - 1735 † Balthasar **Faber**, Kaufmann und Rathsherr, geboren am 14. October 1665 zu Frankfurt am Main.
  - 1772 geboren Friedrich Gottlob **Hoffmann**, † als Privatgelehrter am 5. August 1841. Von 1805—1810 war er Lehrer am Taubstummeninstitut.
- **4.** 1785 † Dr. Johann Gottfried **Körner**, Professor der Theologie, Pastor an der Thomaskirche und Superintendent, Grossvater des Dichters Theodor Körner, geboren zu Weimar am 16. September 1726.
  - 1827 † Christian **Kruse**, Professor der historischen Hilfswissenschaften, bekannt durch seinen historischen Atlas, geboren am 9. August 1783 zu Hiddigwarden im Oldenburgischen.
- **5.** 1650 geboren Georg **Bose**, † als Kaufmann und Rathsherr am 23. Juli 1700, Besitzer des Klein-Bose'schen Gartens.
  - 1762 † Johann Friedrich **May**, Professor der Moral und Politik, geboren am 23. März 1697 zu Türchau in der Oberlausitz.
  - 1808 † Christian Gottlieb **Seydlitz**, Professor der Logik und Metaphysik, geboren zu Meerane im Schönburgischen am 19. October 1730.
- **6.** 1722 geboren Karl Ferdinand **Hommel**, † als Ordinarius der Juristen-Facultät am 16. Mai 1781, geistreich und als Rechtslehrer hochberühmt, Verfasser des deutschen Flavius und der Rhapsodien.
- **7.** 1497 † Dr. Georg **Orter** (aus Frickenhausen), Dominicaner und Professor der Theologie. Er bekämpfte die unbefleckte Empfängniss Mariae, eine noch in unsern Tagen vielbesprochene päpstliche Satzung.
  - 1586 † Paul **Frankenstein**, Bürgermeister.
  - 1863 † Christian **Morgenstern**, Kaufmann, hochverdient durch gemeinnützige Vermächtnisse.
- **8.** 1570 geb. Friedrich **Mayer**, † als Bürgermeister am 13. Aug. 1637.
  - 1747 † Christian Friedrich **Curtius**, Kaufmann und Rathsherr, geboren am 19. Februar 1787.
  - 1759 † Dr. Justus Karl **Wiesenhavern**, Rathsherr, geboren zu Hildesheim am 31. October 1719.
  - 1768 geb. Christian Gottlieb **Kühnöl**, † als Professor primarius der Theologie zu Giessen am 16. October 1841.
  - 1793 geboren Adolph Heinrich **Schletter**, † als Inhaber einer Seidenhandlung am 19. December 1853 (zu Paris), Kunstkenner und Kunstfreund, durch sein grossartiges Vermächtniss Begründer des Museums.
  - 1810 † *Simon Moritz* **Rummel**, *Kaufmann und Rathsherr*.

Januar.
- **9.** 1571 † Georg **Helfrich**, Rathsherr und Baumeister.
  - 1612 geboren Johann Ernst **Bose**, † am 22. December 1681 als Kaufmann, Rathsherr und Baumeister.
  - 1734 geb. **Wilhelm Abraham Teller**, † als Propst und Pastor zu St. Petri in Berlin am 9. December 1804.
  - 1795 † Johann Gottfried **Bötticher** (aus Altenburg), Begründer eines Knabeninstituts, Jugendschriftsteller, bekannt aus Weisses Kinderfreund als Philoteknos.
  - 1837 † Karl Friedrich Gerhard **Gruner**, Kammerrath und gewesener Rathsherr, geboren am 10. März 1768 zu Halle.
- **10.** 1549 geb. Paul **Wagner**, † als Rathsherr am 29. Decbr. 1627.
  - 1624 † Christian **Papst**, Besitzer der Salomons-Apotheke, Rathsherr und Baumeister.
  - 1775 geboren Heinrich Gottfried **Zitzmann**, † als Regierungssecretär zu Dresden am 25. Februar 1839.
  - 1826 † Dr. Christian Traugott **Koch**, Proconsul, geboren zu Torgau am 18. October 1752.
  - 1830 † Dr. Karl Friedrich Gustav **Klug**, praktischer Arzt, geb. im Jahre 1774 in Düben.
- **11.** 1648 † Andreas **Corvinus** (aus Westenfeld in Franken), Professor der Rhetorik.
  - 1658 † Philipp Georg **Pöckel**, Rathsherr.
  - 1734 geboren Christoph Friedrich **Lösner**, † als Professor der biblischen Philologie am 13. November 1803.
  - 1742 † M. Siegmund Friedrich **Dresig**, Conrector an der Thomasschule.
  - 1777 geb Johann Georg **Eck**, † als S. Meiningenscher Hofrath am 14. December 1848.
  - 1838 † Christoph Heinrich **Ploss**, Banquier und Kammerrath, geb. zu Kirchheim an der Teck im Württembergischen am 24. März 1757.
- **12.** 1842 † **Wilhelm Traugott Krug** (geboren zu Radis bei Wittenberg am 22. Juni 1770), Professor der Philosophie, ein rüstiger Kämpfer für die Freiheit des Glaubens und der Wissenschaft. Den beiden Universitäten Leipzig und Halle-Wittenberg schenkte er ein Capital von 10,000 Thalern.
- **13.** 1633 † Dr. Adam **Herr**, Bürgermeister, geb. am 22. August 1583 zu Wurzen.
  - 1744 geboren Justus Gottfried **Apel**, † als Dr. med.
  - 1810 † Gottlieb Immanuel **Lattermann**, Kaufmann und Rathsherr.
  - 1811 † Karl Adolph **Caesar**, Professor der Philosophie, geboren 12. April 1744 in Dresden.
- **14.** 1568 † Gregor **Ulrich**, Stadtrichter.
  - 1755 † *Dr. Johann Friedrich **Falkner**, Rathsherr.*
  - 1836 † Karl Christoph Traugott **Tauchnitz**, Buchdrucker und Buchhändler, geb. am 29. October 1761 in Gross-Pardau.

Januar.
1837 † Christian Ernst **Mirus**, Universitäts-Secretär, geb. am 22. Juli 1781 in Schneeberg.

15. 1565 † M. Georg **Hala**, Pastor an der Thomaskirche, geboren im Jahre 1495 zu Bayreuth in der Oberpfalz.
1633 † Dr. **Polykarp Leyser**, Professor der Theologie, Pastor an der Thomaskirche und Superintendent, geb. zu Wittenberg am 20. November 1586.
1732 † Christian **Ludovici**, Professor der Philosophie, geboren zu Landshut in Schlesien am 6. Januar 1663.

16. 1630 geboren Christian **Göring**, † als Kaufmann und Rathsherr am 12. Januar 1682.
1759 geboren Johann Friedrich **Schleussner**, † als Propst zu Wittenberg.

17. 1519 † Dr. Johann **Lindemann**, Ordinarius der Juristen-Facultät und Bürgermeister.
1647 geboren **Samuel Benedict Carpzow**, † als Oberhofprediger zu Dresden am 31. August 1707.
1773 geboren Johann Christian August **Heinroth**, † als Professor der psychischen Heilkunde am 26. October 1843.
1774 geboren Christian Ferdinand **Schulze**, † starb zu Gotha als Gymnasialprofessor am 2. December 1850.
1824 † Professor **Friedrich August Wilhelm Spohn**, Entzifferer ägyptischer Hieroglyphen, geboren am 16. Mai 1792 in Wittenberg.
1836 † Benjamin Gotthold **Weiske**, ausserordentlicher Professor der Philosophie, geb. im J. 1783 in Schulpforte.
1837 † M. Johann David **Weigel**, Collega IV. an der Thomasschule, geb. zu Zschochen bei Schneeberg am 26. November 1768.
1854 † *Dr.* **Gottfried Wilhelm Becker**, *praktischer Arzt und Schriftsteller, durch sein grossartiges Vermächtniss zur Gründung einer Blindenanstalt hochverdient.*
1863 † Dr. Friedrich **Kraner**, Professor und Rector der Thomasschule, geb. zu Eibenstock am 15. October 1812.

18. 1657 † Dr. Kaspar **Ziegler**, Proconsul, geboren am 1. Mai 1581 zu Cottbus.

19. 1739 † Dr. Johann Christian **Lehmann**, Professor der Physik, geboren am 16. Juni 1675 zu Budissin.
1805 † Karl Johann Gottlieb **Spazier**, Privatgelehrter und musikalischer Schriftsteller, geb. im Jahre 1760 zu Berlin.

20. 1529 † Gregorius **Breitkopf** (aus Konitz in Preussen), Professor der Philosophie und Theologie.
1547 ward bei der Belagerung der Commandant der Pleissenburg Tham **Pflugk** erschossen.
1763 † Dr. Johann Gottfried **Janke**, Professor der Anatomie und Chirurgie, geboren zu Budissin am 16. November 1724.
1853 † der Brigadeauditeur Friedrich Gotthelf Leberecht **Jässing**.

Januar.
21. 1526 † **Apollonia von Wiedebach**, Wittwe des Rentmeisters Georg von Wiedebach und Tochter des Bürgermeisters Stephan Alnpeck zu Freiberg, durch ihre ansehnlichen milden Stiftungen hochverdient.

1638 geboren David Elias **Heidenreich**. Er war Dichter und Secretär der Fruchtbringenden Gesellschaft und starb als S. Weissenfels'scher Appellations- und Consistorialrath am 6. Juni 1688.

1812 † Karl Gottlieb **Berger**, Violinvirtuos, geb. im Jahre 1732 zu Ottendorf (?) bei Pirna.

1847 † Dr. Valentin Traugott Leberecht **Polack**, praktischer Arzt, geb. am 19. August 1776 zu Wurzen.

22. 1652 † Leonhard **Schwendendörfer**, Kaufmann und Bürgermeister, geboren zu Nürnberg am 25. Februar 1585.

1757 geboren **Christian Daniel Beck**, † als Prof. der römischen und griechischen Sprache am 13. December 1832.

1788 † **Georg Joachim Zollikofer**, Prediger der reformirten Gemeinde, geboren am 5. August 1730 zu St. Gallen.

23. 1617 geboren Paul **Wagner**, ward Dr. der Rechte und † als Bürgermeister am 11. April 1697.

1671 † Georg **Kormart**, Zeitungsschreiber.

1796 † Michael **Wagner**, Finanzsensal (aus dem Altenburgischen gebürtig).

24. 1592 † Ottilia **Gundermann** aus Schwermuth über die Gefangenschaft ihres Gemahls Dr. Christoph Gundermann, Pastors an der Thomaskirche. Noch im vorigen Jahrhundert war sie Gegenstand schauerlicher Sagen.

1700 geboren Christoph **Wolle**, † als Archidiakon an der Thomaskirche am 6. Juli 1761.

1758 † Dr. Christian Amandus **Gebhard**, praktischer Arzt.

1832 † Professor Heinrich Ferdinand **Richter**, dritter College an der Thomasschule.

1861 † Professor Johann Gottfried **Stallbaum**, Rector an der Thomasschule.

25. 1733 geboren Johann Friedrich **Rehkopf**, † als Superintendent zu Dresden am 14. März 1789.

1795 † **Joachim Baumann**, Dr. der Rechte und Herr auf Steinbach, geboren zu Hamburg 1724.

1843 † Dr. Karl Wilhelm **Brandes**, Lehrer der Mathematik und Physik an der Nikolaischule, geb. zu Breslau am 16. December 1814.

26. 1664 geboren Gottfried Benedict **Schacher**, † als Obristlieutenant im Januar 1714.

1830 † Kaspar **Eichler**, Privatdocent der Mathematik, geb. im Jahre 1752.

Januar.
- **27.** 1617 † Dr. Georg **Weinrich**, Professor der Theologie, Pastor zu St. Thomae und Superintendent, geboren zu Hirschberg in Schlesien am 13. April 1554.
  - 1738 geboren Christian Samuel **Weiss**, † als Archidiakon zu St. Nicolai am 16. März 1805.
- **28.** 1583 † Jakob **Volkmar**, Rathsherr und Baumeister.
  - 1809 † M. Christian Friedrich **Schneider**, Tertius an der Nikolaischule, geboren zu Buchholz am 1. Mai 1756.
  - 1830 † Dr. Christian Friedrich **Richter**, praktischer Arzt, geb. zu Zittau am 21. December 1766.
  - 1833 † Karl Gottfried Wilhelm **Wach**, Contrabass-Virtuos, geb. am 16. September 1755 zu Löbau.
  - 1847 † Arthur **Buddeus**, Advocat und Gerichtsdirector, geb. zu Altenburg am 14. Mai 1811.
- **29.** 1674 geboren Michael **Thomasius**, Stifter des sogenannten Stipendium ponac, † als Dr. der Rechte und Domherr zu Wurzen am 28. Februar 1739.
  - 1686 geboren Johann Alexander **Christ**, † am 11. September 1714 als Dr. der Rechte und Rathsherr.
  - 1800 † Johann Adolph **Richter**, Kaufmann und Rathsherr.
  - 1833 † Gottlieb Heinrich **Köhler**, Flöten-Virtuos und Componist, geb. zu Dresden am 6. Juli 1765.
  - 1842 † Ludwig **Zenker**, Kaufmann und Stadtrath, geboren am 18. Mai 1797 in Dresden.
- **30.** 1658 geboren Christoph Georg **Winkler**, † am 15. September 1709 als Kaufmann und Rathsherr.
  - 1827 † Christian Johann Philipp **Schulz**, Musikdirector und Componist, geb. im Jahre 1770 zu Langensalza.
  - 1833 † Dr. August Karl **Bock**, Anatom und Prosector, geb. am 25. März 1782 in Magdeburg.
- **31.** 1736 geb. Jakob Thomas **Gaudlitz**, † als Dr. der Rechte, Rathsherr und Baumeister am 28. September 1798.
  - 1791 † Dr. Johann Adolph **Scharff**, Pastor an der Nikolaikirche, geboren in Schönefeld am 11. Mai 1724. Als einer der würdigsten Seelsorger stand er in allgemeiner Hochachtung und Liebe. Manches Jahr zählte er 7—8000 Beichtkinder.
  - 1799 † Georg Heinrich **Bors**, Professor der Mathemathik, geb. am 21. März 1713 zu Engelstein in Preussen.

Februar.

1. 1628 † Dr. Vincenz **Schmuck**, Professor der Theologie, Pastor zu St. Nicolai und Superintendent, geboren zu Schmalkalden am 17. October 1565.
1651 geb. Polykarp **Heyland**, † am 9. October 1702 als Rathsherr und Baumeister.
1763 † Dr. Karl Friedrich **Trier**, Bürgermeister, geb. in Glücksbrunn am 12. Juni 1690.
1837 † M. Karl August Benjamin **Sieghard**, Vesperprediger an der Universitätskirche, geb. zu Freiberg am 14. October 1799.
1853 † Ernst Theodor **Michler**, Waisenhauslehrer.

2. 1680 geboren Johanna Albertina, Tochter des Rathsherrn David Fleischer, seit 1695 Gattin des Kaufmanns Johann **Conrad**, ausgezeichnet durch ihre wissenschaftliche Bildung, † am 19. April 1698.
1790 † **Friedrich Wolfgang Reiz**, Professor der Dichtkunst und geschmackvoller Philolog, geboren im Jahre 1733 zu Windsheim in Franken.

3. 1691 geb. Ferdinand August **Hommel**, † am 16. Februar 1765 als Professor der Pandekten.
1715 † Gottfried **Vopelius**, Cantor an der Nikolaischule, geboren zu Herwigsdorf bei Zittau am 28. Januar 1645.
1794 † Dr. Adolph Christian **Wendler**, Bürgermeister, geboren am 12. August 1736 zu Dobrilugk.
1837 † Theophilas Friedrich **Rothe**, Gerichtsdirector und Special-Ablösungs-Commissar, geb. am 7. Februar 1785 zu Erdmannsdorf bei Augustusburg.

4. *1523 † Dr. Simon **Pistoris**, Dekan der medicinischen Facultät und Rathsherr.*
1703 geb. Christian Gottfried **Mörlin**, † als Dr. der Rechte und Stadtrichter am 19. November 1754.
1805 † Johann Georg **Tromlitz**, Flöten-Virtuos und musikalischer Schriftsteller, geb. am 9. Februar 1726 zu Schloss Heldrungen.
*1830 † M. Johann Gottlieb **Regis**, emeritirter Diakon zu St. Nicolai, beliebter Kanzelredner, geb. 1759.*
1834 † Christian Gottlob **Hornburg**, ein vielangefeindeter Homöopath, geboren am 18. October 1793 zu Chemnitz.

5. 1554. † Dr. Johann **Schöffel**, Bürgermeister.
1736 † Johann **Job**, Rathsherr und Baumeister, geb. am 2. October 1664 zu Frankfurt a. M.

Februar.
1784 geb. Karl Friedrich Christian **Wenck**, † am 6. Juni 1828 als Professor der Rechte und Oberhofgerichtsrath.
1839 † Dr. Karl Friedrich **Kleinert**, ausserordentlicher Professor der Medicin, geb. am 21. December 1795 in Glogau.

6. *1552 † Johann **Mensel**, Dr. der Theologie im 31. Lebensjahre.*
1585 † Dr. **Wolfgang Meurer**, Dekan der medicinischen Facultät, auch von 1570—1574 Proconsul, geb. am 23. Mai 1513 zu Altenberg.
1613 † Dr. Georg **Feige**, Professor der Medicin, aus Lauban.
1674 geb. Polykarp Gottlieb **Schacher**, † am 11. März 1737 als Dekan der medicinischen Facultät.
*1793 † M. Johann Christian **Forwerk**, fünfter College an der Nicolaischule, geb. 1724.*
1807 † **Friedrich August Carus**, Professor der Philosophie, geb. zu Budissin am 26. April 1770.
1821 † Dr. August Cornelius **Stockmann**, Professor der Rechte, geb. am 18. Juni 1751 in Schweickartshain.
1848 † Friedrich Christian August **Hasse**, Professor der historischen Hülfswissenschaften, geb. zu Rehfeld am 4. Januar 1773.

7. 1684 † Christian **Lorenz** von Adlershelm, Kaufmann und Bürgermeister, geb. am 26. Juli 1608.
1756 † Johann Erhard **Kapp**, Professor der Beredsamkeit, geb. zu Ober-Kotzschau am 23. März 1696.
1758 † Dr. Benjamin Gottlieb **Bosseck**, Senior des Schöppenstuhls, geb. am 30. October 1676 zu Gautzsch.
1786 geb. Christian Gottfried Wilhelm **Rossberger**, † als Dr. der Rechte, Privatdocent und Commissionsrath zu Berlin am 16. Mai 1833.
1833 † Johann Ludwig **Hartz**, Kaufmann, unvergesslicher Wohlthäter der Armen, geb. am 18. März 1781 zu Budissin.

8. *1573 † Dr. Wolfgang **Scheibe**, Proconsul und Beisitzer des Schöppenstuhls.*
1720 geb. Johann Wilhelm **Richter**, † als Dr. der Rechte und Proconsul am 18. Februar 1799.
1734 geb. Johann Christoph **Richter**. Er ward Kaufmann, war von 1772 — 1793 Rathsherr und † als Kammerrath am 2. Mai 1801 zu Dresden.
1739 † Dr. Gottfried Leonhard **Baudis**, Appellationsrath, geb. zu Liegnitz am 4. August 1683.
1797 † Johann Friedrich **Doles**, Cantor an der Thomasschule, geb. im Jahre 1716 zu Steinbach in Franken.
1805 † Dr. Christian Gottlieb **Kühnöl**, Pastor an der Nikolaikirche, geb. zu Chemnitz am 26. Januar 1736.

9. 1846 † M. Johann Karl **Schmidt**, Lehrer am Arbeitshause für Freiwillige, geb. im Jahre 1788 zu Königswartha in der Oberlausitz.

Februar.

10. 1677 geb. Friedrich Wilhelm Schütz, † am 27. Januar 1739 als Pastor an der Thomaskirche.
1758 † Dr. Samuel Theodor Quellmalz, Dekan der medicinischen Facultät, geb. am 11. Mai 1696 zu Freiberg.
1758 geb. Ernst Benjamin Gottlieb Hebenstreit, † am 12. December 1803 als Professor der Medicin.
1777 † Dr. Christian Erdmann Deyling, Proconsul, geb. zu Eisleben am 22. Januar 1721.
1796 † die Stipendienstifterin Johanna Sophia, Wittwe des Kaufmanns Karl Ludwig Kob und Tochter des Kaufmanns Johann Tobias Peinemann.

11. *1555 † Christoph Preusser, Stadtrichter.*
1732 † Dr. Johann Friedrich Zoller, Rathsherr, geb. im J. 1689.
1817 † Christian Ludwig Boxberg, Ober-Post-Commissar und Hofrath.

12. 1599 † Fabian Hippius, Professor der Philosophie.
1612 † Johann Neldel, Professor der Philosophie, geb. im Jahre 1554 zu Gross-Glogau.
1763 † Dr. Johann Christian Kaulfuss, Ober-Hofgerichts-Advocat.
1769 geboren Friedrich Roohlitz, † als S. Weimarscher Hofrath am 16. December 1842, langjähriger Herausgeber der Allgemeinen musikalischen Zeitung und beliebter Belletrist.
1835 † Professor Friedrich Wilhelm Ehrenfried Rost, Rector der Thomasschule, geb. am 11. April 1768 zu Budissin.

13. 1721 geb. Christian Wilhelm Küstner, † als Dr. der Rechte und Bürgermeister am 18. Februar 1785.

14. 1221 † Wernher, der zweite Propst zu St. Thomas.
1739 geb. Johann Nathanael Petzold, † als praktischer Arzt zu Dresden.
1830 † Johann Christoph Gretschel, Redacteur der politischen Leipziger Zeitung, geb. zu Reichenbach bei Königsbrück am 7. December 1766.

15. 1558 † geisteskrank durch Selbstmord Sigismund Prüfer, Professor der Rhetorik.
1656 geb. Heinrich Winkler, † am 13. October 1715 als Rathsherr und Baumeister.
1737 geb. Justus Heinrich Hansen, ward Rathsherr und Baumeister und † am 22. März 1807.
1778 † Johann Gottlieb Görner, Organist an der Thomaskirche, 81 Jahre alt.

16. 1518 geb. Ulrich Mayer, † am 22. Januar 1594 als Rathsherr und Baumeister.
1722 † Christian Friedrich Kretzschmar, Ober-Post-Commissar, Herr auf Ottengrün.
1724 geb. Christian Ludwig Stieglitz, † am 4. Mai 1772 als Dr. der Rechte und Proconsul.

Februar.
1736 geb. Christian Friedrich **Börner**, † als praktischer Arzt am 7. Februar 1800.
1777 geb. Johann Friedrich **Eulenstein**, † am 23. Decbr. 1821 als Diakon an der Thomaskirche.
1789 geb. Friedrich Jakob Gottlob **Müller**, † am 18. Juni 1849 als Gymnasialprofessor zu Torgau.
1813 † Dr. **Christian Daniel Erhard**, Professor des Criminalrechts, geb. am 6. Februar 1759 zu Dresden.
1823 † Johann Gottfried **Schicht**, Cantor an der Thomasschule, geb. am 29. September 1753 zu Reichenau bei Zittau.

17. 1828 † Dr. **Heinrich Gottlieb Tzschirner**, Professor der Theologie, Pastor zu St. Thomas und Superintendent, ausgezeichneter Kanzelredner und freimüthiger Kämpfer für protestantische Glaubensfreiheit, geboren zu Mittweida am 11. November 1778.
1845 † Christian Gottlieb **Flügel**, Lehrer an der Handelsschule, geb. im J. 1797 zu Budissin.

18. 1614 † Dr. Burchard **Harbart**, Pofessor der Theologie, geb. zu Conitz im Jahre 1546.
1619 geb. Gottfried Christian **Bose**, † als Archidiakon an der Thomaskirche am 13. April 1671.
1799 † Johann **Hedwig**, Professor der Botanik, scharfsinniger Untersucher der Kryptogamen, geb. zu Kronstadt in Siebenbürgen am 8. October 1730.

19. 1525 † Lorenz **Jechler**, Rathsherr.
1658 geb. Johann Wilhelm **Pauli**, † als Professor der Pathologie am 13. Juni 1723.
1850 † Hans Friedrich **Pohl**, Professor der Oekonomie.

20. 1635 geb. Heinrich **Zipfel**, † als Dr. der Rechte, Advocat und bayreutischer Hofrath am 12. April 1720.
1663 geb. Christian **Wagner**, † am 28. Juli 1693 als Prediger an der Johanniskirche, Theolog, Philolog und Münzkenner.
1695 geb. Johann Gottfried **Bauer**, † als Ordinarius der Juristen-Facultät am 2. März 1763.
1745 † Dr. Gottlieb **Gaudlitz**, Pastor an der Thomaskirche, geb. am 17. November 1694 zu Leissnig.
1827 † Samuel Gottfried **Liekefett**, trotz seiner Gelehrsamkeit länger als 50 Jahre nur Privatdocent der Rechte an der Universität, geb. am 21. November 1750 zu Gutta.
1841 † Gottlob Wilhelm **Werner**, Oberstadtschreiber, geb. im Jahre 1766 zu Luckau.

21. 1703 geb. Romanus **Teller**, einer der Trefflichsten seines Standes, † als Pastor an der Thomaskirche am 5. April 1750.
1806 † Dr. Christian Karl **Kanne**, Proconsul, geb. in Wolkenstein am 22. December 1744.

22. 1522 geb. **Lampertus Distelmayer**, † als kurbrandenburgischer Canzler zu Berlin am 12. October 1588.

Februar.
- 1603 † Adam **Tülssner**, Rathsherr, geb. im Jahre 1557 in Eilenburg.
- 1706 † M. Elias **Hoffmann**, erster Waisenhausprediger zu St. Georg, geb. zu Opfershausen im Hennebergischen.

23. 1669 geb. Christian Ludwig **Welsch**, † als Dr. der Medicin am 1. Januar 1719.
- 1731 † Johann **Böttger**, Rathsherr.

24. 1809 † Dr. Johann August **Wolf**, Professor der Theologie und Rector zu St. Nicolai, geb. am 5. December 1750 zu Naunhof bei Grimma.
- 1811 † Johann Georg Hermann **Voigt**, Organist an der Thomaskirche, Violoncell-Virtuos, geb. zu Halberstadt am 14. Mai 1769.
- 1826 † Johann Christian **Hoffmann**, ein geschickter Mechanicus.
- 1845 † Dr. Julius Friedrich **Winzer**, Professor der Theologie, geb. am 30. Juli 1778 zu Chemnitz.

25. 1619 geb. Heinrich **Meyer**, † als Diakon an der Nikolaikirche am 24. Juni 1669. Seine ausgezeichnete Münzsammlung kam an die Stadtbibliothek.
- 1760 † *Dr. Johann Valentin* **Schmidt**, *Rathsherr*.
- 1783 geb. Johann Karl **Gehler**, † als Professor der Chirurgie bereits am 8. März 1813.
- 1835 † der Buchhändler Paul Gotthelf **Kummer**, 85 Jahre alt.
- 1844 † M. Traugott Friedrich **Edelmann**, Lehrer an der ersten Bürgerschule, geb. am 15. December 1769 zu Brand bei Freiberg.

26. 1597 † Adolph **Stütter**, Rathsherr, aus Westphalen.
- 1780 geb. Christian Samuel **Weiss**. Er ging im Jahre 1810 als Professor der Mineralogie nach Berlin und † am 1. October 1856 zu Eger.

27. 1778 geb. Felix Ferdinand Heinrich **Küstner**, † am 2. April 1832 als Banquier und S. Weimarischer Generalconsul.
- 1838 † Karl Heinrich Ludwig **Pölitz**, Professor der Staatswissenschaften, geb. am 17. August 1772 zu Ernstthal im Schönburgischen.

28. 1628 † Dr. Elias **Heidenreich**, Professor der Rechte und Oberhofgerichtsbeisitzer.
- 1801 † Dr. Karl Wilhelm **Müller**, Geheimer Kriegsrath und Bürgermeister. Die Rathsfreischule, die erste Bürgerschule, die Esplanade, die Parkanlagen sind dauernde Denkmale seiner auch in andern Beziehungen ausgezeichneten Wirksamkeit. Er war geboren zu Knauthain am 15. Sept. 1728.
- 1830 † Dr. Christian Friedrich **Cunitz**, praktischer Arzt, geb. in Zittau im Jahre 1759.

29. 1856 † Dr. Karl Ludwig August **Göpel**, praktischer Arzt im 72. Lebensjahre.

März.

März.
1. 1525 † Ulrich **Lindacher**, Rathsherr und Baumeister.
   1806 † **Rahel Amalie Auguste**, geb. Beyer, Wittwe des Appellationsraths und Proconsuls Dr. Karl Friedrich **Trier**, durch ihre Stiftungen Mitbegründerin des Hebammeninstituts.
2. 1540 † Dr. Hieronymus **Dungersheim** von Ochsfurt, Professor der Theologie, ein Gegner der Kirchenreformation.
   1673 † Anton Günther **Böschen**, Stadtsyndicus, geboren am 13. December 1612 in Ovelgönne in Ostfriesland.
3. 1667 geb. Johann Christoph **Schacher**, † am 29. März 1720 als Dr. und Professor der Rechte.
   1732 geb. Georg Gottlieb **Börner**, † als Proconsul am 5. Mai 1804.
   1770 geb. Karl Wilhelm **Siebdrat**, † den 14. November 1834 als Rector des Gymnasiums zu Eisleben.
   1791 † die Kupferstecherin Johanna Dorothea **Philippi**, geb. **Sysang**.
   1838 † Friedrich Traugott **Georgi**, Portrait- und Historienmaler, geb. in Plauen am 13. Juli 1780.
   1854 † Gottlieb Christian von **Hüttner**, Ober-Postamts-Director, um die Vervollkommnung des sächsischen Postwesens hochverdient.
4. 1768 geb. Johann Friedrich **Kind**. Er ward Advocat und † als Dichter und belletristischer Schriftsteller am 25. Juni 1843 in Dresden.
   1836 † Moritz Sigismund **Lingke**, Advocat, geb. am 11. Januar 1768 in Torgau.
5. 1536 † Thomas **Arnold**, Rathsherr.
   1795 † Gottfried **Seelig**, Lector des Talmud, Herausgeber der bekannten Wochenschrift „der Jude".
   1805 geb. Johanna Rosalie **Wagner**. Sie widmete sich der Schauspielkunst und † am 12. October 1837 als Ehegattin des Dr. Gotthold Oswald Marbach.
6. 1830 † Karl Romanus **Teller**, Oberlieutenant.
7. 1555 † Dr. Wolfgang **Schirmeister**, der letzte Prior im Dominicanercloster zu St. Pauli und nachher Professor der Theologie.
   1555 † *der Rathsherr Georg* **Fachs**.
   1671 geb. Franz Konrad **Romanus**. Er ward Appellationsrath und Bürgermeister und † als Staatsgefangener am 14. März 1746 auf der Festung Königstein.

März.

1824 † Dr. Ludwig Wilhelm **Gilbert**, Professor der Physik, geb. am 12. August 1769.

1842 † Christian Theodor **Weinlig**, Cantor an der Thomasschule, geb. zu Dresden am 25. Juli 1780.

8. 1593 † Dr. Paul **Luther**, kursächsischer Leibarzt, geb. in Wittenberg am 28. Januar 1533.

1721 † Lic. Romanus **Teller**, Archidiakon an der Nikolaikirche, geb. zu Freiberg am 5. December 1671.

1797 † Dr. **Christian Friedrich Kadelbach**, praktischer Arzt, geb. zu Görlitz am 6. Juni 1733.

9. 1556 † *Andreas* **Wanne**, Bürgermeister.

1714 † Dr. Immanuel **Horn**, Pastor an der Thomaskirche, geb. am 26. Juli 1652 zu Neukirch in der Oberlausitz.

10. 1785 † Dr. Christian Gottlob **Eichler**, Pastor zu St. Nicolai, geb. zu Höckendorf bei Dresden am 2. December 1711.

1801 † Samuel Gottlieb **Hofmann**, Universitäts-Opticus, geb. im Jahre 1727 zu Zittau.

1843 † Christian August **Pohlenz**, Organist an der Thomaskirche, verdienter Gesanglehrer, geboren im Juli 1795 zu Sallgast in der Niederlausitz.

11. 1658 geb. Johann Jakob **Cramer**, † als Pastor an der Johanniskirche am 11. Januar 1702.

1744 † *Zacharias* **Jöcher**, *Kaufmann und Rathsherr*.

1754 † Dr. Johann Benjamin **Böhmer**, Professor der Anatomie, geb. zu Liegnitz im Jahre 1718.

1806 † M. Karl August **Beyer**, Diakon an der Neukirche, geb. am 10. Februar 1737 in Zeitz.

1838 † Heinrich Fürchtegott **Voigtländer**, Raths-Oekonomie-Inspector, geb. zu Liptitz am 6. August 1787.

1840 † Heinrich Ferdinand **Klemm**, Kreissteuereinnehmer, geb. zu Frauenhain am 2. October 1783.

12. 1448 † Hans **Hütter**, Rathsherr.

1543 geb. Gregorius **Volkmar**, † als Kaufmann und Rathsherr am 25. März 1598.

1723 † Dr. Johann **Cyprian**, Professor der Theologie, geb. zu Rawitzsch am 24. October 1642.

1812 † Dr. Johann Gottlob **Bernhardi**, Archidiakon zu St. Thomas, ein beliebter Prediger, geb. im Jahre 1749 zu Görlitz.

1840 † *M. Georg Friedrich* **Baumgärtel**, *fünfter Collega an der Thomasschule, geb. im Jahre 1760.*

13. 1754 geb. Johann Gottfried **Gurlitt**, † als Director am Johanneum zu Hamburg am 14. Juni 1827.

14. 1791 † Johann Christian **Krappe**, Kaufmann, Rathsherr und Baumeister.

1815 † Dr. **Johann Georg Rosenmüller**, Professor der Theologie, Pastor zu St. Thomas und Superintendent, um Leipzigs Kirchen- und Schulwesen unsterblich verdient, geboren am 18. December 1736 zu Ummerstadt.

März.

1844 † Heinrich August **Hösel**, Advocat und Archivar bei dem Stadtverordnetencollegium.

15. 1629 † Caspar **Werner**, Kaufmann und Rathsherr, geboren am 8. November 1570 zu Schleusingen.

1809 † Johann Georg **Häser**, Universitätsmusikdirector, geb. im Jahre 1729 zu Gersdorf bei Görlitz.

16. 1575 † Dr. Georg **Cracau**, kursächsischer Geheimer Rath, wegen calvinischer Lehrmeinungen in harter Haft auf der Pleissenburg.

1587 † Georg **Freund**, Schneidermeister und Stadtrichter.

1699 † Dr. Georg **Lehmann**, Professor der Theologie, Pastor zu St. Nicolai und Superintendent, geb. zu Belgern am 9. September 1616.

1846 † Karl Friedrich Philipp August **von Klinkowström**, k. sächs. Major etc. im 67. Jahre.

17. 1565 † Dr. Alexander **Alesius**, Professor der Theologie, geb. am 23. April 1500 zu Edinburg in Schottland.

1791 † Dr. Johann August **Dathe**, Professor der hebräischen Sprache, classischer Uebersetzer des Alten Testaments, geb. am 4. Juli 1731 zu Weissenfels.

1808 † Karl Friedrich **Hindenburg**, Professor der Physik, geb. am 13. Juli 1741 zu Dresden.

1847 † Johann Gottlieb **Winkler**, Rathsbuchhalter, geboren am 8. März 1767 in Colditz.

18. 1799 † Adam Friedrich **Oeser**, Professor und Director der Kunstakademie, ein Künstler, den unsere Zeit nicht so ohne Weiteres vergessen sollte, geb. im J. 1717 zu Pressburg.

1823 † Dr. Ferdinand Friedrich **Gräfenhain**, Oberdiakon an der Neukirche, geboren im Februar 1743 zu Beichlingen in Thüringen.

19. 1593 † M. Johann **Oettwein**, Professor.

1648 † M. Johann **Müller**, Diakon an der Nikolaikirche, geb. am 20. März 1589 zu Themar.

20. 1599 † Bartholomäus **Süssemilch**, Rathsherr, 73 Jahre alt.

1676 † Johann **Khün**, Professor der Mathematik, geb. am 18. April 1619 zu Schleusingen.

1726 † Ulrich **Junius**, Professor der Mathematik, geb. zu Ulm am 17. October 1670.

21. 1801 † *Karl August David **Menzel**, Maler im 27. Jahre. Er gehörte zu Oeser's besten Schülern.*

22. 1626 † Dr. Theodor **Möstell**, Bürgermeister, geb. in Dresden.

1798 † Dr. Johann Jakob Heinrich **Hermann**, Senior des Schöppenstuhls, geb. zu Vorsfelde im Jahre 1731.

23. 1543 geb. Hartmann **Pistoris**, † am 1. Mai 1603 als kursächsischer Geheimer Rath.

Mrz.
1747 geb. Friedrich August Ludwig **von Burgsdorf**, † am 18. Juni 1802 zu Berlin als Ober-Forstmeister der Kurmark.
1841 † Dr. Adolph **Barkhausen**, Advocat und mehrjähriger Redacteur des Leipziger Tageblattes, 36 Jahre alt.

24. 1416 † M. **Johann Ottonis** von Münsterberg, Stifter des Frauen-Collegiums. Er war der erste Rector der Universität.
1660 geb. Gottfried **Thomasius**. Er ward Herr von Troschenreut und Wiedersberg und † am 10. Mai 1746 zu Nürnberg als berühmter Arzt und Staatsmann.
1717 geb. Karl Friedrich **Kregel von Sternbach**, hochverdient durch seine Vermächtnisse, † als Landkammerrath am 18. Juli 1789.

25. 1536 geb. Johann **Peillcke**, † am 30. November 1617 als Bürgermeister.
1593 † Paul **Frankenstein**, Rathsherr.
1798 † Karl Christian Heinrich **Rost**, Kaufmann, Kunstfreund, Dichter und Uebersetzer englischer Lustspiele, geboren am 20. März 1742 zu Dresden.

26. 1716 † der Buchhändler Johann Friedrich **Gleditsch**.

27. 1777 † Bernhard Christoph **Breitkopf**, Buchhändler, im 83. Jahre.
1842 † Johann Erdmann Ferdinand **Steinacker**, Buchhändler, geb. im Anhaltischen am 13. September 1764.

28. 1623 geb. Adrian **Steger**, † als Bürgermeister am 19. August 1700.
1841 † August Emil **Bürger**, vormaliger Buchhändler, Sohn des bekannten Dichters Bürger.

29. 1649 geb. Hieronymus Jakob **von Ryssel**, † am 18. September 1715 als Rathsherr und Baumeister.
1773 † Dr. Johann Christian **Stemler**, Professor der Theologie, Pastor an der Thomaskirche und Superintendent, geb. am 12. October 1701 zu Copitzsch.
1777 † Daniel Gottfried **Schreber**, Professor der Oekonomie, geb. am 8. Juli 1708 zu Meissen.
1809 † Johann Karl Salomon **Schröter**, Rathsherr, geboren in Kötschau.
1826 † Johann Gotthelf **Horn**, Kramer.

30. 1784 geb. Karl Wilhelm **Leske**, Sohn des Professors Nathanaël Gottfried Leske, † am 13. November 1837 als Hofbuchhändler zu Darmstadt.
1834 † Dr. Karl Albert **Kriegel**, ausserordentlicher Professor der Rechte, geb. zu Dresden am 15. Februar 1804.
1836 † Christian August Heinrich **Clodius**, Professor der Philosophie, geb. am 21. September 1772 zu Altenburg.

31. 1490 † Dr. Valentin **Becker** von Schmiedeberg, Dekan der medicinischen Facultät, Proconsul und Stadt-Syndicus.

April.

1. 1536 † Dr. Ludwig **Sartoris** (Langschneider), Professor der Theologie, gebürtig von Görlitz.
   1743 † Karl Friedrich **Menser**, Rathsherr und Baumeister.
   1846 † Daniel Friedrich Ehregott **Aster**, Regierungsregistrator im 68. Jahre.

2. 1593 † Abraham von **Thumbshirn**, kursächsischer Rath und Hofmeister.
   1844 † Christian Gottfried **Hillig**, Dr. der Rechte.

3. 1587 † Christoph **Seemann**, Rathsherr.
   1713 geb. Quirinus Gottfried **Schacher**, † am 1. Juli 1774 als Rathsherr und Baumeister.
   1713 geb. Friedrich Heinrich **Graf**, † als Dr. der Rechte und Stadtrichter am 1. Januar 1778.
   1718 geb. Johann Gottlieb **Bosseck**, † am 7. Juni 1798 als ausserordentlicher Professor der hebräischen Sprache.
   1845 † der Historienmaler Clemens **Kögl**, geb. im Jahre 1808 zu Oberndorf in Bayern.

4. 1656 † Dr. **Andreas Rivinus**, Professor der Physiologie, geb. am 7. October 1600 zu Halle.
   1659 geb. Paul **Winkler**, † als Kaufmann und Rathsherr am 20. Januar 1710.
   1799 † Jean **Dumas**, französischer Prediger der reformirten Gemeinde, 74 Jahre alt.
   1830 † Dr. Johann Gottfried **Hoppe**, Subsenior des Frauencollegiums, geb. in Klein-Neudorf bei Jauer am 10. März 1791.

5. 1519 † *August* **Panzschmann**, *Rathsherr und Baumeister*.
   1691 fand Joachim **Feller**, Professor der Dichtkunst und Universitäts-Bibliothekar, seinen Tod durch einen unglücklichen Sturz aus dem Fenster auf die Strasse, geb. am 30. November 1638 zu Zwickau.
   1705 geb. Georg Christoph **Plaz**, † im Juli 1787 in Neuzelle. Er war Dr. der Rechte, Hof- und Justizrath und von 1726 bis 1764 Rathsherr.
   1782 † Karl Andreas **Bel**, Professor der Dichtkunst, geboren im Jahre 1717 zu Presburg.
   1841 † Eduard Friedrich Ferdinand **Beer**, ausserordentlicher Professor der Philosophie, Orientalist und Palaeograph, geb. zu Budissin am 15. Juni 1805.

April.
- **6.** 1548 † Wolf **Preusser**, Rathsherr.
   1554 † Dr. Ludwig **Fachs**, Ordinarius und Bürgermeister, geb. zu Salza.
   1836 † M. Karl Friedrich **Kurth**, Lehrer an der Bürger- und Realschule, geb. am 6. Januar 1803 zu Klein-Wölke bei Eilenburg.
- **7.** 1731 † Dr. Gottlieb **Korte**, ausserordentlicher Professor der Rechte, auch ein ausgezeichneter Philolog, geb. am 27. Februar 1698 zu Beskau.
- **8.** 1678 geb. Johann Burchard **Mencke**, † am 1. April 1732 als Professor der Geschichte.
- **9.** 1551 † Dr. Johann **Stramburger**, kursächsischer Rath und Professor.
   1799 † Christian Gottlieb Ferdinand **Müller**, Kupferstecher und Landschaftszeichner.
   1547 † Lukas **Straube**, Rathsherr, geb. zu Budissin.
   1803 geb. Karl Christian Carus **Gretschel**, † als Dr. der Rechte und Redacteur der Leipziger Zeitung am 15. März 1848.
- **10.** 1548 † *Wolfgang* **Kirsten**, *Rathsherr*.
   1563 † M. Melchior **Welner**, Stadtrichter.
   1677 † Johann **Seidel**, Rathsherr und Baumeister, 65 Jahre alt.
   1714 † Dr. Gottlieb Gerhard **Titus**, Professor der Rechte, als Rector der Universität, geb. zu Nordhausen am 5. Juni 1661.
   1762 † Dr. Christian Jakob **Seyler**, praktischer Arzt, 80 Jahre alt.
   1786 † Christlieb Benedict **Funk**, Professor der Physik, geb. zu Hartenstein am 5. Juli 1736.
- **11.** 1589 † David **Lasahn**, Stadtrichter.
   1596 † Isaak **Quellmütz**, Stadtrichter.
   1774 † Elias Gottlob **Hausmann**, kursächsischer Hofmaler.
   1829 † Friedrich Adolph **Kayser**, Kaufmann und Rathsherr.
   1839 † Dr. Christoph Friedrich **Enke**, Pastor an der Nikolaikirche, geb. zu Untergreisslau am 11. März 1752.
- **12.** 1593 † Dr. Georg **Mosbach**, Professor der Medicin, geboren zu Schweinfurth.
   1596 † Jeremias **Hoffmann**, Apotheker zum schwarzen Mohr und Rathsherr.
   1603 † Konrad **Deuerlin**, Rathsherr und Verwalter des Burgkellers, 86 Jahre alt.
- **13.** 1628 geb. Michael **Leyser**, † als Physicus zu Nyekiöbing auf der Insel Falster im Jahre 1660, auch als Anatom ausgezeichnet.
   1703 geb. Franz Wilhelm **Romanus**, † am 28. April 1762 als Dr. der Rechte und Oberhofgerichtsadvocat.
   1734 geb. Christian Heinrich **Reichel**, † als Sprachmeister am Gymnasium zu Zittau den 21. April 1807.
- **14.** 1799 geb. Albert **Braune**, † als Professor der Therapie am 12. September 1848.
   1825 † Georg Werner **Süss**, Tischlermeister.

April.
15. 1658 geb. Abraham Christoph **Platz**, † als Dr. der Rechte und Bürgermeister am 15. September 1728.
    1715 geb. Johann Gottfried **Sieber**, † am 28. October 1789 als Dr. der Rechte und Propstei-Gerichtsverwalter der Universität.
    1767 geb. Karl Friedrich **Rosenzweig**, † als k. sächsischer Legationsrath zu Dresden am 26. Januar 1845.
16. 1681 † Dr. Georg Tobias **Schwendendörfer**, Ordinarius der Juristen-Facultät, geb. am 13. November 1597 zu Nürnberg.
17. 1574 † **Joachim Camerarius**, Professor der griechischen und römischen Literatur, geb. am 12. April 1500 zu Bamberg.
    1602 geb. Eustachius **Möller**, † im Jahre 1664 als Pfarrer zu St. Thomas in Neumarkt bei Merseburg.
    1692 † Jakob **Meyer**, Rathsherr.
    1850 † M. Johann Friedrich Wilhelm **Döring**, Director der Raths-Freischule, geb. am 17. Februar 1773.
18. 1792 † Franz Jakob **Martens**, Kaufmann und Rathsherr.
    1840 † Christian August **Breiter**, S.-Weimarischer Hofgärtner, Begründer des Wintergartens, geb. am 6. August 1676 zu Merseburg.
19. 1524 † Petrus **Mosellanus**, Professor der classischen Literatur, geb. im Jahre 1493 im Kur-Trierschen.
    1572 † der Rathsherr Peter **Binder**.
20. 1555 † Dr. Sebastian **Roth**, Dekan der medicinischen Facultät, geb. zu Auerbach im Juli 1491.
    1780 geb. Gottlob **Einert**, † im Jahre 1813 als preussischer Brigadeprediger zu Teplitz.
    1835 † M. Johann Gottfried **Köhler**, Lehrer an der Bürgerschule, geb. zu Steinbach am 19. Januar 1764.
21. 1667 geb. Johann Christian **Schamberg**, † als Universitätsrector am 4. August 1706. Er war Professor der Anatomie, Begründer des anatomischen Theaters und auch sonst ein ausgezeichneter Mann.
    1674 † Johann **Philippi**, Proconsul, geb. zu Waldau bei Liegnitz am 9. März 1607.
    1700 † *der Kaufmann und Rathsherr Kaspar* **Bose**, *Begründer des Gross Bose'schen Gartens.*
    1739 geb. Gottfried Benedict **Schmiedlein**, † am 21. Februar 1808. Er war Arzt, Naturforscher und besonders geschätzter Meteorolog. Er bestimmte im Jahre 1780 die Höhe Leipzigs nach barometrischen Messungen.
    1740 † Dr. Johann Gottlob **Pfeiffer**, Professor der Theologie, ein ausgezeichneter Orientalist, geb. zu Meissen im Jahre 1667.
    1786 † Dr. Johann Gottlieb **Seeger**, Professor der Pandekten, geb. am 4. September 1735 zu Seyfersbach bei Frankenberg.

April.

22. 1627 geb. Simon **Löffler**, † als Archidiakon an der Thomaskirche am 24. September 1674.

1781 geb. Friedrich August **Junge**, † als geschätzter Miniaturmaler am 21. Januar 1841.

23. 1623 geb. Christoph Georg **Schütz**, † als Rathsherr und Baumeister am 3. September 1696.

1839 † Dr. Hermann Rudolph **Reichel**, Lehrer an der Rathsfreischule, 31 Jahre alt.

24. 1552 † Dr. Joachim **von Kneutling**, Professor der Rechtswissenschaft.

1614 geb. **Martin Geyer**, † am 12. September 1680 als kursächsischer Oberhofprediger, einer der gelehrtesten Theologen seiner Zeit. Von 1661—1665 war er Pastor zu St. Thomas und Superintendent.

1639 geb. Johann Benedict **Carpzow**, † am 23. März 1699 als Professor der Theologie und Pastor zu St. Thomas.

1702 geb. Christian Gottlob **Haltaus**, † als Rector der Nicolaischule am 11. Februar 1758.

1750 geb. Johann Gottfried **Dyk**, † am 21. April 1813 als Mitbesitzer der Dyk'schen Buchhandlung. Er war auch Dr. der Philosophie und Schriftsteller.

1826 † Johann Christian **Hoffmann**, Mechanicus und Opticus, geb. zu Zeitz am 22. Februar 1757.

1832 † M. Johann Friedrich Beatus **Höpffner**, Pastor zu St. Johann, geb. in Hildburghausen am 4. März 1759.

1844 † Gottlob **Kunath**, Director der Armenschule.

25. 1560 † Johann **Ralla**, Besitzer der Salomons-Apotheke, Erfinder des Veilchensafts.

1588 geb Johann **Sieber**. Im Jahre 1613 ward er der erste Postmeister und † um 4. Januar 1651.

1643 † Christian **Eulenau**, Kaufmann und Bürgermeister, geb. zu Mügeln am 17. April 1574.

1646 † Dr. Heinrich **Volkmar**, Rathsherr und Proconsul.

1833 † **Karl Gottlieb Plato**, Director der Raths-Freischule, geb. zu Halbau am 6. April 1757.

26. 1769 geb. Karl Friedrich Adolph **Dähne**, † als Dr. med. und praktischer Arzt am 20. März 1844.

1787 geb. Christian Ernst **Weiss**, † am 26. October 1850 als Appellationsgerichts-Präsident zu Budissin.

1793 † Dr. Karl Christian **Krause**, ausserordentlicher Professor der Anatomie und Chirurgie, 78 Jahre alt, geb. in Delitzsch.

27. 1608 geb. Georg Ulrich **Welsch**, † am 25. April 1681, merkwürdig als Erbauer der Ulrichsgasse. Er war Kaufmann, Rathsherr und Baumeister.

1822 † Johann Gottfried **Wohlbrück**, Regisseur des Stadttheaters, geb. am 29. März 1770.

April.
  1823 † Dr. Christian Gottlob **Einert**, Bürgermeister, geb. zu Dresden am 29. März 1747.
28. 1547 † *Wolf* **Wiedemann**, *Bürgermeister.*
  1568 † Dr. Franz **Kram**, Herr auf Blösen und Abtnaundorf.
  1796 † Dr. Josias Ludwig Ernst **Püttmann**, Professor der Rechte, geb. zu Ostrau bei Zörbig im Jahre 1730.
29. 1774 geb. Christian Gottlob **Eckoldt**, † am 21. Juli 1828 als praktischer Arzt und ausgezeichneter Chirurg. Seiner Verdienste wegen wurde er unter dem Namen **Eckoldt von Eckoldtstein** in den Freiherrnstand erhoben.
  1788 geb. Johann Friedrich Wilhelm **Müller**, † am 29. Juli 1835 als Stadtrath.
30. 1552 † Maternus **Bodehorn**, Amts-Schösser, geb. zu Meissen.
  1648 † Sebastian **Meyer**, Kaufmann und Rathsbaumeister, geb. zu Hamburg im Jahre 1584.
  1723 geb. Ernst Gottlob **Bose**, † am 22. September 1788 als Dekan der medicinischen Facultät.
  1773 geb. Johann Karl **Burkhardt**, † am 22. Juni 1825 zu Paris; ein ausgezeichneter Astronom.
  1790 † Samuel **Heinicke**, Begründer und Director des Taubstummeninstituts, geb. am 10. April 1725 zu Nautschütz.
  1834 † Karl **Cnobloch**, Buchhändler, geb. am 10. August 1778 zu Freiburg a. d. Unstrut.
  1841 † **Veit Hans Schnorr von Carolsfeld**, Director der Kunstakademie, geb. zu Schneeberg am 11. Mai 1764.
  1851 † Dr. Gustav **Kunze**, Professor der Botanik.

M a i.

Mai.
1. 1524 † Georg von **Wiedebach**, Commandant der Pleissenburg.
  1524 † *Dr. Heinrich* **Scheibe**, *Rathsherr und Proconsul.*
  1570 † der Amts-Schösser Hieronymus **Müller**.
  1761 † August Friedrich **Müller**, Professor der Philosophie, geb. am 15. December 1684 in Obergräfen bei Rochlitz.
  1823 † Amandus Wenzel **Böhm**, Kupferstecher, geb. zu Prag am 2. Mai 1769.
2. 1471 † *Nikolaus* **Pistoris**, *Bürgermeister, 60 Jahre alt.*
  1547 † Dr. Caspar **Borner**, Professor der Theologie, geb. in Grossenhain. Ihm verdankt die Universität die Erwerbung des Paulinums.
  1588 † Hans **Lebzelter**, Kaufmann und Rathsherr, geb. am 15. November 1535 in Ulm.

Mai.

1743 † Christian August **Hausen**, Professor der Mathematik, bedeutender Physiker und Mineralog, geb. in Dresden am 19. Juni 1693.

3. 1519 † Dr. Magnus **Hundt**, Professor der Theologie, einer der ersten Wiederhersteller der Anatomie.
1610 geb. Jakob **Mayer**, † am 15. Mai 1683 als Rathsherr und Baumeister.
1729 † *Wolfgang Jöcher, Kaufmann, Rathsherr und Baumeister, Kammerrath und Herr auf Gautzsch.*
1791 † Dr. Christian Gottlob **Richter**, ausserordentlicher Professor der Rechte, geb. in Lichtenstein im Jahre 1745.

4. 1564 † Marcus Antonius **Lindemann**, Rathsherr und Baumeister.
1660 geb. Johann Jakob **Vogel**, † am 16. Juli 1729 als Pfarrer zu Panitzsch, Leipzigs verdienstvoller Chronist.
1796 † der K. Preussische Hauptmann Friedrich von **Blankenburg**, Schriftsteller und Kritiker.
1825 † Johann Andreas **Dröbs** aus Thüringen, Organist an der Peterskirche, 40 Jahre alt.

5. 1744 geb. Christian **Rau**, † als Dr. und Professor der Rechte am 22. Januar 1818.
1817 † Christian Heinrich **Loth**, Kaufmann und Rathsherr, 82 Jahre alt.
1839 † Friedrich Eusebius Ludwig **Herbig**, Buchhändler, 58 Jahre alt.

6. 1671 † Georg **Wendland**, Kaufmann und Rathsherr, geb. am 20. September 1592 in der Mark.
1796 † Dr. Johann Karl **Gehler**, Professor und Dekan der medicinischen Facultät, geb. zu Görlitz am 17. Mai 1732.

7. 1657 † Professor Dr. Christian **Lange**, Pastor an der Thomaskirche und Superintendent, geb. zu Altenburg bei Naumburg am 2. December 1585.
1773 † Dr. Christian Gottlieb **Ludwig**, Professor und Dekan der medicinischen Facultät, geb. am 30. April 1709 zu Brieg in Schlesien.
1778 geb. Stephan Karl **Richter**, † als Dr. der Rechte und Regierungsdirector zu Liegnitz am 25. October 1820.

8. 1611 † *Georg* **Hütter**, *Rathsherr, 92 Jahre alt.*
1650 † Caspar **Bose**, Juwelier, Rathsherr und Baumeister, 73 Jahre alt.
1737 geb. Johann Georg Friedrich **Franz**, † am 14. April 1789 als ausserordentlicher Professor der Medicin. Seine erste Schrift über den Coelibat ward in Rom verbrannt.
1762 † Dr. Karl Friedrich **Hundertmark**, Professor der Anatomie und Chirurgie, geb. am 11. April 1715 in Zeitz.
1787 geb. Charlotte Elisabeth **Hänel**, Tochter des Kaufmanns und Rathsherrn Christian Friedrich **Hänel**, † am 9. März 1836 als die Gemahlin des Freiherrn Maximilian **Speck von Sternburg.**

Mai.

9. 1649 † Hans **Preusser**, Rathsherr und Baumeister, 57 Jahre alt.
1702 † **Valentin Friedorici**, Professor der hebräischen Sprache. Er legte den Grund zum Wittwen-Fiscus der philosophischen Facultät und stiftete von seinen Collegiengeldern den 13ten Tisch des Universitäts-Convicts.
1850 † Theodor Wilhelm **Danzel**, Privatdocent an der Universität, Literarhistoriker, geb zu Hamburg am 4. Februar 1818.

10. 1764 † der Commissionsrath Christian Friedrich **Henrici**, Kreis-Landsteuereinnehmer, als Dichter unter dem Namen Pisander bekannt, geb. am 14. Januar 1700 zu Stolpen.
1788 † Friedrich **Grögory**, Kupferstecher, erst 28 Jahre alt.
1828 † Franz Matthias von **Treuenfeld**, der unter dem Namen Eduard Stein beliebte Schauspieler.
1839 † Dr. Karl **Klien**, Professor der Rechte, Stifter des Constitutions-Stipendiums, geb. zu Königstein am 18. December 1776.

11. 1784 † Johann Gottlob **Quandt**, Kaufmann, rühmlichst bekannt durch seine Vermächtnisse für Studirende und Arme.
1786 † *die Stipendienstifterin Florentina Sophia* **Rivinus**, *Tochter des Professors Dr. Johann Florentin Rivinus.*

12. 1629 geb. Heinrich **Löfler**. Er ward Maler und † am 5. October 1666.
1858 † Dr. Georg Benedict **Winer**, Professor der Theologie, hochverdient um die grammatischen Studien des Neuen Testaments.

13. 1696 geb. Gottfried **Gräve**, † als Dr. der Rechte und Rathsherr am 12. Februar 1722.
1771 geb. **Siegfried August Mahlmann**, † am 16. December 1826, Dichter des bekannten Vaterunser: „Du hast deine Säulen dir aufgebaut u. s. w."
1858 † Dr. Karl Louis **Keil**, Lehrer an der dritten Bürgerschule, geb. im Jahre 1825.

14. 1517 † Georg **Forberger**, Rathsherr und Baumeister.
1770 geb. Jakob Bernhard **Limburger**, † als Kaufmann am 26. Februar 1847, Kenner und Freund der Gesangskunst.
1792 † Johann Friedrich Ludwig **Oeser**, Zeichner und Maler.
1840 † Karl Wilhelm August **Porsche**, Stadtrath, geb. zu Zittau am 2. September 1786.

15. 1545 † der Proconsul Dr. Andreas **Frank**, aus Camenz.
1639 † Dr. Enoch **Heiland**, Prof. der Rechte, geb. zu Weissenfels.
1669 geb. Johann Franz **Born**, † als Proconsul am 9. April 1732.
1677 geb. Gottlieb Sigismund **Corvinus**, † als Advocat am 27. Januar 1746, Dichter, bekannt unter dem Namen Amaranthes.
1840 † Joseph **Springer**, Advocat und Gerichtsdirector, geb. am 10. October 1800 zu Hagenest bei Borna.

Mai.
- **16.** 1604 † Wolfgang **Meyse**, Rathsherr.
- **17.** 1712 geb. Gottfried Ludwig **Menken**, † als Professor der Rechte zu Helmstädt am 24. October 1762.
  - 1839 † Heinrich Wilhelm **Brandes**, Professor der Physik, geb. zu Groden im hamburgischen Amte Ritzebüttel am 27. Juli 1777.
- **18.** 1689 † *Dr. Wolfgang Heinrich* **Dreuer**, *Rathsherr und Baumeister*.
  - 1770 † Johann Heinrich **Winkler**, Professor der Naturlehre, geb. am 12. März 1703 zu Wingendorf in der Oberlausitz.
  - 1842 † *Juliane Henriette verw.* **Weiss**, *geb. Vehse*, im 90. Lebensjahre. Sie vermachte 14,400 Thaler zu milden Zwecken.
- **19.** 1626 † *Johann* **Rothhaupt**, *Kaufmann, Rathsherr und Baumeister, 59 Jahre alt.*
  - 1757 geb. Christian Friedrich **Ludwig**, † am 8. Juli 1823 als Dr. und Professor der Medicin.
- **20.** 1576 † Dr. Heinrich **Salmuth**, Professor der Theologie, Pastor zu St. Thomas und Superintendent, geb. am. 2. März 1522 zu Schweinfurth.
  - 1781 † **Christian Gottlob Frege**, Banquier und Kammerrath, Begründer des Handelshauses Frege u. Comp., geb. zu Lampertswalde.
  - 1798 † Dr. August Friedrich Siegmund **Green**, Stadt-Syndicus, geb. am 12. September 1736 zu Kesselsdorf.
  - 1798 geb. Theodor Amadeus **Müller**, † zu Weimar als Kammermusikus am 11. März 1746; Violin-Virtuos.
- **21.** 1606 geb. Friedrich **Kühlewein**, † am 19. Mai 1663 als Bürgermeister und Dr. der Rechte.
  - 1769 † Gottfried **Heinsius**, Professor der Mathematik, geb. am 28. April 1709 zu Naumburg an der Saale.
  - 1784 geb. Heinrich Gottfried **Bauer**, † als Dr. der Rechte und Beisitzer der Juristen-Facultät am 25. Januar 1829. Er bestimmte sein Vermögen zu Besoldungszulagen der mit dem geringsten Einkommen versehenen Landschullehrer im Königreich Sachsen.
- **22.** 1546 † Michael **Püffler**, Rathsherr und Baumeister.
  - 1722 geb. Karl Gottfried **Winckler**, † am 19. April 1790 als Ordinarius der Juristen-Facultät. Von 1775—1781 war er Bürgermeister und Kaiser Joseph II. erhob ihn in den Adelstand.
  - 1761 † Dr. **Johann Jakob Maskow**, Professor der Rechte und Proconsul, geb. im Jahre 1689 zu Danzig.
- **23.** 1600 † Abraham **Dreuer**, Kaufmann und Rathsherr.
  - 1650 geb. Georg **Winckler**, † als Kaufmann und Bürgermeister am 4. August 1712.
  - 1759 † M. Abraham **Kriegel**, dritter College an der Thomasschule, geb. zu Volkersdorf am 28. April 1691.
  - 1818 † der Kupferstecher Christian Gotthelf **Gründling**.

Mai.
- **24.** 1592 † Dr. Nikolaus **Selnecker**, Professor der Theologie, Pastor an der Thomaskirche und Superintendent, einer der Verfasser der Concordienformel; geb. am 6. December 1532 zu Hersbrück in Franken.
- **25.** 1581 † Gallus **Findeisen**, Rathsherr.
  1618 † Dr. Michael **Wirth**, Professor der Rechte.
- **26.** 1644 geb. Michael **Ettmüller**, † als Professor der Botanik am 9. März 1683, auch ausgezeichneter Arzt.
  1650 † Siegmund Friedrich **Sulzberger**, Rathsherr und Baumeister, geb. zu Gratz in Steyermark.
- **27.** 1843 † Johann Gottlieb **Umlauf**, Lehrer an der Rathsfreischule im 68. Jahre.
- **28.** 1589 † M. Gregorius **Hartmann**, Rathsherr.
  1835 † Dr. Karl Heinrich **Edelmann**, praktischer Arzt, geb. zu Dresden.
  1843 † Heinrich Karl **Platzmann**, Kaufmann.
- **29.** 1592 † Dr. Johann **Ulrich**, Proconsul, geb. in Marienberg.
  1834 † Heinrich Gottlieb **Friedlein**, Besitzer des Hôtel de Saxe, geb. zu Hohenfeld bei Kitzingen am 30. April 1779.
  1835 † der Commerzienrath Johann Christian **Clauss**, Herr auf Seusslitz und Radewitz, im 85. Jahre.
- **30.** 1591 † Paul **Tanner**, Rathsherr und Baumeister.
  1712 † Johann Christian **Schelle**, Professor der Moral, geb. am 31. December 1675 zu Eilenburg.
  1832 † Erdmann Traugott **Reichel**, Begründer der Häuseranlage in Reichels Garten, geboren zu Camenz im Jahre 1748.
- **31.** 1622 † Dr. Johann **Curtius**, Professor der Rechtswissenschaft.
  1731 † Johann **Schmid**, Professor der Beredsamkeit, geboren zu Breslau am 19. August 1649.
  1756 † Johann Andreas **Thomae**, Kaufmann, Rathsherr und Baumeister, 80 Jahre alt.
  1838 † M. Rudolph Lorenz **Gräfe**, Lehrer an der Realschule, geb. am 25. August 1808 zu Chemnitz.

Juni.

Juni.
1. 1500 † *Cunz* **Preusser**, *Rathsherr.*
   1525 † *Benedict* **Beringershayn**, *Bürgermeister.*
2. 1498 † Dr. Christoph **Thieme**, Professor der Theologie.
   1594 † Andreas **Sieber**, Bürgermeister, geb. zu Pegau im Jahre 1518.
   1672 † der kurbrandenburgische Hofrath Dr. Lukas **Leyser**, geb. im Jahre 1620.
   1842 † Friedrich Lebrecht **Gradehand**, Organist zu St. Georgen, geb. am 24. December 1812 zu Brehna bei Bitterfeld.
3. 1607 † M. Christoph **Heiligmeier**, Rector der Nikolaischule, geb. im Jahre 1550 zu Püchau.
   1764 † der Legationsrath Karl Ludwig **Wiedemarkter**, Rathsherr, geb. im Jahre 1716 in Zeitz.
   1764 † Friedrich Wilhelm **Honig**, Kaufmann und Rathsherr, 49 Jahre alt.
4. 1594 geb. Heinrich von **Ryssel**, † im Jahre 1640 als Kaufmann und Rathsherr.
   1762 † Georg David **Aland**, ausserordentlicher Professor der Philosophie, geb. zu Jüterbock im Jahre 1712.
5. 1722 † Johann **Kuhnau**, Cantor an der Thomasschule, als Mensch, wie als Gelehrter und Musiker gleich ausgezeichnet, geb. zu Geisingen im April 1660.
   1849 † Julius **Simon**, Schauspieler, geb. zu Danzig am 26. März 1812.
6. 1644 geb. Heinrich **Born**, † als Dr. der Rechte und Proconsul am 23. Juni 1708.
   1731 † Dr. Andreas **Rüdiger**, praktischer Arzt und Philosoph, geb. zu Rochlitz am 1. November 1663, ein gelehrter Sonderling.
   1759 † Christian Ludwig **Mierisch**, Stadtsyndicus.
   1769 geb. Johann Konrad **Sickel**, ward Dr. der Rechte und Bürgermeister und † am 3. März 1837 als Appellationsgerichts-Präsident.
7. 1495 † Dr. Andreas **Rüdiger**, Professor der Theologie.
   1661 † Franz **Bex**, Kaufmann und Rathsherr, Herr auf Nischwitz und Pönitz, geb. im Jahre 1604.
   1711 geb. Georg August **Langguth**, † als Professor der Pathologie und Chirurgie in Wittenberg.
8. 1602 † Paul **Fritsschhanns**, Kaufmann, Rathsherr und Baumeister.

Juni.
1641 † Gottfried **Pabst**, Rathsherr und Baumeister.
1813 † Johann Stephan **Capieux**, Universitäts-Zeichenmeister, Naturforscher und geschickter Kupferstecher, geb. am 8. Juni 1748 zu Schwedt an der Oder.
1825 † der Arzt Dr. Johann Christian Gottlob **Franke**.

9, 1545 † Dr. Ambrosius **Rauh**, der letzte Propst der Augustiner-Chorherren zu St. Thomas.
1837 † der praktische Arzt Dr. Johann Gottlob **Becker**, geb. am 19. December 1757 zu Brehna.

10. 1572 † Hanns **Nopell**, Rathsherr.
1785 † Paul Christian Friedrich **Werner**, Prosector, geboren zu Medingen bei Dresden im Jahre 1751.
1800 geb. Karl Heinrich **Brenner**, † als vierter College an der Thomasschule im Januar 1848.

11. 1661 † Dr. Johann **Hülsemann**, Professor der Theologie, Pastor an der Nikolaikirche und Superintendent, geb. am 26. Mai 1602 zu Esens in Ostfriesland.
1744 geboren **Ernst Platner**, † als Professor der Medicin am 27. December 1818, auch als geistvoller Philosoph eine Zierde der Universität.

12. 1719 geb. Johann Gottlob **Hofmann**, † am 11. Januar 1797 als dritter Collge an der Thomasschule.
1776 geb. Karl Friedrich **Burdach**, † am 16. Juni 1847 als Geheimer Medicinalrath und Professor zu Königsberg.
1846 † Karl **Queisser**, Orchestermitglied, Posaunenvirtuos, geb. am 11. Januar 1800 zu Döben bei Grimma.

13. 1767 † M. Daniel Siegfried **Klaubart**, Oberdiakon an der Neukirche, geb. zu Reichenbach im Voigtlande am 11. August 1698.

14. 1841 † der dänische Infanterie-General **Friedrich Karl Emil**, Herzog von Holstein-Sonderburg-Augustenburg, geb. 1767.

15. 1457 † *Hanns* **Preusser**, *Rathsherr*.
1545 † Georg **Schiltel**, Dekan der medicinischen Facultät, geb. im Jahre 1470 zu Amberg.
1557 † Christoph **Püffler**, Rathsherr.
1630 geb. Paul **Bose**, † als Archidiakon an der Kreuzkirche zu Dresden am 2. Januar 1694.
1741 † Dr. Urban Gottfried **Siber**, Professor der kirchlichen Alterthümer und Professor an der Thomaskirche, geb. am 12. December 1669 zu Schandau.
1750 † Dr. Gotthelf Ehrenfried **Lechla**, Archidiakon zu St. Nicolai, geb. zu Gross-Petzscha am 2. December 1694.
1810 † Friedrich August Wilhelm **Wenck**, Professor der Geschichte, geb. am 20. September 1740 zu Idstein im Nassauischen.

16. 1646 geb. Johann Christoph **Müller**, † am 31. Juli 1685 als Pfarrer in Baalsdorf.

Juni.
- 1762 geb. Johann August Otto **Gehler**, † als Dr. der Rechte und Criminalrichter am 11. August 1822.
- 1804 † Johann Adam **Hiller**, Cantor an der Thomaskirche, geb. zu Wendisch-Ossig am 28. December 1728.
- 1814 † Dr. Johann Daniel **Kind**, Oberhofgerichtsrath, geb. zu Werdau im Jahre 1760.

17. 1626 geb. Johann Andreas **Bose**, † als Professor der Geschichte zu Jena am 29. April 1674.
- 1768 geb. Karl Anton **Blanchard**, † als Theatermaler am 6. December 1842.

18. 1553 † Dr. Georg **Zehler**, Professor der Theologie.
- 1746 geb. Johann Gottfried **Leonhardi**. Er ward Professor der Medicin in Wittenberg und † am 11. Januar 1823 als königlicher Leibarzt zu Dresden.
- 1841 † Christian Gotthelf **Strassberger**, Zeichenlehrer an der Raths- Frei- und Armenschule, geboren zu Frauenstein am 23. September 1770.

19. 1630 † M. Thomas **Lebzelter**, Rector der Nicolaischule.
- 1715 geb. Johann Friedrich **Schreiter**, † als Dr. der Rechte und Rathsherr bereits am 17. Januar 1743.
- 1840 † Dr. Karl Gottlob **Kühn**, Professor der Physiologie und Pathologie, geb. am 13. Juli 1754 in Spergau bei Magdeburg.
- 1765 geb. Friedrich August **Wirth**, † als Bürgermeister zu Chemnitz am 13. Februar 1847.

20. 1732 geb. Christian August **Kriegel**, † als Lehrer an der Thomasschule am 1. October 1803.

21. 1549 † Ulrich **Rauscher**, Kaufmann, Rathsherr und Baumeister.
- 1789 † der Kaufmann und Rathsherr Johann Zacharias **Schmidt**.
- 1842 † *Karl Julius Theodor* **Hindenburg**, *Lehrer an der Armenschule im 36. Jahre.*

22. 1592 geb. Zacharias **Schneider**. Er wurde Licentiat der Medicin, Professor der Philosophie, bekleidete von 1630—1638 das Rectorat an der Nikolaischule und starb als Schul- und Stadtphysikus und Bürgermeister zu Meissen am 13. October 1664. Unter Anderm schrieb er sein bekanntes Chronicon der Stadt Leipzig.

23. 1628 † *Kilian* **Gräfe**, *Rathsherr*.
- 1742 † Georg Friedrich **Richter**, Professor der Moral und Politik, geb. am 29. October 1691 zu Schneeberg.
- 1754 † Dr. Justus Gottfried **Günz**, Professor der Anatomie und Chirurgie, auch Leibarzt des Königs und Churfürsten Friedrich August II., geb. zu Königstein am 1. März 1714.

24. 1544 † M. Aegidius **Morch**, Bürgermeister, geb. in Werdau.
- 1832 † Dr Johann Gottfried **Müller**, Oberhofgerichtsrath und Professor des canonischen Rechts, geb. zu Ebersbach am 18. Mai 1757.

Juni.
- **25.** 1715 † der Rathsherr Friedrich von **Kühlewein**.
  1679 geb. Johann Friedrich **Olearius**, † als Professor der Rechte am 4. October 1726.
- **26.** 1672 geb. Kaspar **Bose**, † am 16. Mai 1730 als Kaufmann, Rathsherr und Baumeister.
  1657 † Tobias **Michael**, Cantor an der Thomasschule, geb. zu Dresden am 13. Juni 1592.
  1726 † Dr. Lüder **Mencke**, Ordinarius der Juristen-Facultät, geb. zu Oldenburg am 24 December 1658.
  1762 † **Luise Adelgunde Victoria**, Gemahlin des Professors **Gottsched** und Tochter des Danziger Arztes Dr. Kulmus, geistreich und hochgebildet, ihres Mannes treue Gehülfin, geb. am 11. April 1713.
- **27.**
- **28.** 1738 geb. Georg August **Marche**, † am 9. Mai 1783 als Dr. der Rechte und Rathsherr.
  1763 † Balthasar **Bummel**, Kaufmann und Rathsherr.
- **29,** 1729 † Johann Philipp **Küstner**, Kaufmann, Rathsherr und Baumeister, geb. zu Frankfurt am Main.
  1759 geb. Karl Wilhelm **Goldammer**, † am 4. Juli 1839 als Superintendent in Grossenhain
  1777 geb. Christian Benjamin **Weiss**, ward Dr. der Rechte und † am 30. October 1819.
  1796 † der Griechenarzt Thomas **Mandakasis**, 87 Jahre alt.
  1857 † Dr. **Christian Gottlob Leberecht Grossmann**, Professor der Theologie, Pastor zu St. Thomas und Superintendent, Begründer des Gustav-Adolph-Vereins.
- **30.** 1784 geb. Wilhelm Andreas **Haase**, † am 19. August 1837 als Professor der Therapie.
  1799 geb. Ernst Gerhard **Fleischer**, † als Buch- und Kunsthändler am 18. Juni 1832.

Juli.

Juli.
1. 1584 † Moritz **Steinmetz**, Professor der Mathematik, Botaniker und Besitzer der Salomonis-Apotheke.
   1587 † Dr. Leonhard **Badehorn**, Professor der Rechtswissenschaft und von 1562—1574 Bürgermeister, geb. zu Meissen am 6. November 1510.
2. 1537 † Hanns **Blumentrost**, Stadtrichter.
   1689 † *der Rathsherr Michael* **Thomae**, *geb. 1610.*
   1747 † Dr. August Christian **Marche**, Rathsherr, geb. zu Stolpen am 6. September 1709.
   1750 geb. Jakob Heinrich von **Born**, † als Dr. der Rechte und Hof- und Justizrath zu Dresden.
   1838 † der Spielwaarenfabrikant Karl Friedrich **Zehmen**, Maler und Lackirer, geb. am 22. December 1769 zu Lauchstädt.
   1861 † Dr. Karl Heinrich Adelbert **Lipsius**, ernannter Rector der Thomasschule, geb. zu Grosshennersdorf am 19. Januar 1805.
3. 1563 † Johann **Homilius**, Professor der Mathematik, geb. zu Memmingen.
   1756 geb. Christian Gottfried **Körner**, † als Staatsrath zu Berlin am 13. Mai 1831; berühmter Freund des Dichters Friedrich von Schiller.
4. 1509 † Jakob **Blasebalg**, Rathsherr und Baumeister.
   1519 † *der Dominicanermönch Johann* **Tetzel**, *der berüchtigte Ablasskrämer.*
   1572 geb. Ludwig **Jungermann**, † als Professor der Botanik zu Altorf am 7. Juni 1653.
   1645 † Dr. Johann **Höpner**, Professor der Theologie, Pastor zu St. Nicolai und Superintendent, geboren zu Rosswein am 22. Februar 1582.
   1814 † Friedrich Gottlob **Leonhardi**, Professor der Oekonomie, geb. am 13. Februar 1757 zu Dürrbach.
5. 1622 † Wolf **Lebzelter**, Kaufmann, Rathsherr und Baumeister.
   1730 geb. Friedrich **Platner**, † als Professor der Institutionen am 15. September 1770.
6. 1609 † Leonhard **Oelhaff**, Bürgermeister, geb. am 7. Januar 1555 zu Nürnberg.
7. 1600 geb. Johann **Born**, † als Professor der Rechtswissenschaften am 4. August 1660.
   1622 geb. Theodor **Möstel**, † als Rathsherr am 30. November 1656.

Juli.

1843 † Dr. Karl Ernst Gottlieb Büdel, Diakon an der Nikolaikirche, geb. am 17. December 1769 zu Auma.

8. 1637 † *Ernst Mossbach, Bürgermeister.*
1768 geb. Friedrich August Ferdinand Apel, † am 9. August 1816 als Dr. der Rechte und Rathsherr, Dichter und musikalischer Schriftsteller.
1782 geb. Heinrich Gottlieb Kreussler, † als Archidiakon zu Wurzen am 5. October 1847.

9. 1547 † Dr. Christoph von Kruschwitz genannt Türck, kursächsischer Canzler und Kriegsrath.
1634 geb. Kaspar Adam Schreiber, † als Universitäts-Actuarius am 20. Mai 1666.
1646 geb. **Gottfried Wilhelm Leibnitz**, † am 14. November 1716 als Geheimer Rath und Bibliothekar zu Hannover.
1766 geb. Johann Jakob Wagner, † als Kupferstecher und Belletrist.
1779 geb. Philipp Heinrich Friedrich Hänsel, † am 5. August 1849 als Dr. der Rechte und Stadtgerichtsrath.
1816 † Georg Christian Schule, Kupferstecher, geb. am 7. October 1764 zu Kopenhagen.

10. 1632 † Georg Büttner, Dr. der Rechte.
1849 † Wilhelm Christoph Härtel, Buch- und Musikalienhändler, geb. am 4. December 1787 zu Annaberg.

11. 1586 † M. Tobias Möstel, gewesener Stadtrichter.
1757 geb. Johann Gottfried Wittich, † als Rechtsconsulent und Gerichtsdirector zu Grossenhain am 27. März 1830.

12. 1840 † Johann Rudolph Prinz, Harfen-Virtuos und Musiklehrer, im 62. Lebensjahre.
1850 † der Schriftgiesser Christian Friedrich Giesecke.

13. 1816 † Johann Karl Friedrich Dauthe, Baudirector, Zeichner und Kupferstecher, geb. im Jahre 1749 zu Gross-Zschocher.
1842 † Friedrich August Leo, Buchhändler, im 78 Lebensjahre.
1854 † der Geheime Medicinalrath, Professor Dr. Johann Christian August Clarus, geb. am 5. November 1774 zu Scherneck.

14. 1513 † Heinrich Wiedecker, genannt Probst.
1601 † Jakob Griebe, Kaufmann und Bürgermeister, 61 Jahre alt.

15. 1527 † *Veit Wiedemann, Rathsherr und Baumeister.*
1707 geb. Heinrich Gottlieb Schellhafer, † als Professor der Moral am Gymnasium zu Hamburg am 29. September 1757.
1711 † der Kaufmann Johann August Schubart.
1759 geb. Karl Wilhelm Winkler. Er war von 1781—1793 Rathsherr und † als Dr. der Rechte am 8. März 1829.

16. 1653 geb. Andreas Winckler, † im Juli 1678 als Herr auf Dölitz, Stinz und Starsiedel.
1764 geb. Karl Gottfried Rössler, † als Superintendent in Merseburg am 16. August 1837.

Juli.

    1813 † der Buchhändler Johann Ambrosius **Barth**.
    1844 † M. Karl Friedrich **Heinze**, ein verdienter Pädagog, 83 Jahre alt.
17. 1560 † Konrad **Rüde**, Rathsherr.
    1786 † Dr. Heinrich Michael **Hebenstreit**, ausserordentlicher Professor der Rechtsalterthümer, geb. im Jahre 1745.
    1842 † Georg **Voss**, ehemaliger Buchhändler, Wechselsensal, geb. am 5. Januar 1765 zu Salzderhelden bei Eimbeck, Begründer der Zeitung für die elegante Welt.
    1844 † August Georg **Liebeskind**, Buchhändler, 81 Jahre alt.
18. 1730 geb. Karl Ludwig **Bauer**, † als Rector des Gymnasiums zu Hirschberg in Schlesien am 7. September 1799.
19. 1629 † Georg **Heidenreich**, Gerichtsschreiber. Er war der erste Propst der Fraternität.
    1658 geboren Johann Balthasar **Jacobi**, † als Archidiakon zu St. Johann in Magdeburg am 16. April 1703.
20. 1594 † Georg **Rothe**, Rathsherr und Baumeister, geb. 1529. — Erbauer des Fürstenhauses.
    1640 geb. Johann **Bohne**, † am 19 December 1718 als Professor der Therapie und Dekan der medicinischen Facultät; bedeutender Anatom und Physiolog.
    1694 geb. Christian Gottlieb **Jöcher**, † am 10. Mai 1758 als Professor der Geschichte, bekannter Verfasser des Gelehrten Lexikons.
21. 1676 † Dr. Johann **Ittig**, Professor der Physik, geb. am 8. October 1607 zu Schleusingen.
    1706 geb. Hartmann **Winkler**, † als Kaufmann, Rathsherr und Baumeister am 23. September 1793.
22. 1683 † M. *Matthias Andreas* **Lorenz** *von* **Adlershelm**, *Rathsherr, geb. 1617.*
    1861 † Georg Wilhelm **Nitzsch**, Professor der Archäologie, geb. zu Wittenberg.
23. 1672 geb. Gottfried **Olearius**, † am 10. November 1715 als Professor der Theologie.
    1835 † M. Johann Wilhelm **Quaroh**, Lehrer an der Handelsschule, geb. am 23. October 1785 zu Plaussig.
24. 1638 geb. Jakob **Born**, † als wirklicher Geheimer Rath und Ordinarius der Juristenfacultät am 12. Juni 1709.
    1652 geb. Gottfried **Wagner**, † am 17. April 1725 als Rathsherr und Baumeister; ein gelehrter Belletrist.
    1845 † Dr. Eduard Julius Ludwig **Salomon**, Arzt und Director der Wasserheilanstalt Marienbrunnen bei Stötteritz.
25. 1827 † Gottfried Christoph **Härtel**, Buchhändler, geb. zu Schneeberg am 27. Januar 1763.
    1848 † Dr. Christian Gottfried **Klinkhardt**, Archidiakon an der Thomaskirche, geb. zu Zwickau am 21. April 1783.

Juli.

26. 1791 † **Paul Malvieux**, Kupferstecher, geb. im Jahre 1763 zu Wien.

27. 1556 † Dr. Martin **Lössel**, Rathsherr und Baumeister, auch Stadtsyndicus.
1620 geb. Christian **Meyer**, † am 18. December 1678 als Kaufmann und Rathsherr.

28. 1585 geb. Adrian **Steger**, seit 1636 Rathsherr, † am 11. Juni 1650.
1672 geb. Friedrich Michael **Falkner**, † als Dr. der Rechte und Rathsherr und Baumeister am 7. Mai 1737.
1681 geb. Johann Florens **Rivinus**, † als Dr. und Professor der Rechte am 31. December 1755.
1750 † **Johann Sebastian Bach**, Cantor an der Thomasschule, geboren am 21. März 1685 zu Eisenach; ein musikalischer Heros, hoch über seiner Zeit stehend, darum erst von der Nachwelt verstanden und gewürdigt.

29. 1552 geb. Johann **Salmuth**. Er ward Hofprediger zu Dresden, musste aber im Jahre 1592 als heimlicher Calvinist sein Amt aufgeben und † als Kirchenrath und Pastor primarius zu Amberg am 29 Mai 1622.
1684 geb. Andreas **Winckler**, † als Dr. der Philosophie und Herr auf Starsiedel am 19. April 1742.
1801 † August Wilhelm **Ernesti**, Professor der Beredsamkeit und eleganter Philolog, geboren am 26. November 1733 zu Frohndorf.

30. 1780 † Johann Gottlob **Böhme**, Professor der Geschichte, geb. zu Wurzen am 20. März 1717.
1807 geb. Johann Gottlob Moritz **Poppe**, † als Dr. der Rechte, Advocat und Privatdocent am 23. Januar 1841.
1834 † der Rechtsconsulent Ernst Samuel **Kreysig**, Generalaccis- und Geleits-Commissar, geb. am 23. August 1768 zu Eilenburg.

31. 1559 † Otto **Spiegel**, Stadtrichter.
1784 geb. Friedrich August **Wolf**, † als Dr. der Theologie und Oberkatechet zu St. Petri am 11. August 1841.

August.

1. 1637 † der Rathsherr M. Nikolaus **Hartmann**.
1747 † M. Johann Heinrich **Parreidt**, dritter College an der Nikolaischule, geb. zu Delitzsch im Jahre 1718.
1847 † Friedrich Wilhelm **Götz**, Ober-Zollinspector, geb. am 2. Januar 1785 zu Nürnberg.

2. 1711 † Christoph **Pfautz**, Professor der Mathematik, geboren zu Leipheim bei Ulm am 11. October 1645.
1800 † Johann Gottlob **Gans**, ein gesuchter Rechtsanwalt, Kalligraph und Zeichner, geb. am 26. Februar 1740 zu Zittau.
1840 † Dr. August Franz **Fischer**, praktischer Arzt, geboren am 17. August 1813 zu Klein-Pötschau.

3. 1799 † Dr. Johann **Wagh** de Hallis, Dekan der medicinischen Facultät.
1510 † Thomas **Schöbel**, Bürgermeister.
1708 geb. Friedrich Otto **Mencke**, † am 14. März 1754 als Dr. der Rechte, Hof- und Justizrath und Senator.
1782 † Dr. Karl Gottlob **Koch**, Bürgermeister, geb. in Lenz im Jahre 1719.
1830 † Johann Christoph **Hennicke**, Inspector des Leipziger Intelligenz-Comptoirs, geb. zu Goddula bei Dürrenberg am 24. November 1753.

4. 1645 geb. Gottfried Nikolaus **Ittig**, † als Professor der Rechte am 22. August 1710.
1760 geb. Christian Friedrich **Rüdiger**, † am 5. Juni 1809 als Professor der Astronomie.
1760 geb. Christian Gottlob **Küster**, † als Dr. der Rechte und General-Accis-Inspector am 30. Juni 1818.

5. 1703 † Dr. Andreas **Petermann**, Professor der Anatomie und Chirurgie, vielgesuchter Geburtshelfer, Cartesianer und gründlicher Kenner der Theologie, geb. am 7. März 1649 zu Werblin bei Delitzsch.
1755 † Dr. Salomon **Deyling**, Professor der Theologie, Pastor an der Nikolaikirche und Superintendent, geb. zu Weida am 14. September 1677.
1771 † Johann Christian **Nelkenbrecher**, Advocat, auch Convict-Inspector, bekannt durch sein kaufmännisches Taschenbuch, geb. zu Budissin.

6. 1618 † Dr. Paul **Callenberg** (Calenberger), Bürgermeister, geb. zu Gotha.

August.

1713 † Dr. **Johann Olearius**, Professor der Theologie, geb. am 5. Mai 1639 zu Halle a. d. Saale.

1722 † Dr. Johann Siegmund **Birnbaum**, Stadtrichter, geb. zu Dresden am 11. August 1671.

1840 † **Anna Katharina Elisabeth** verw. **Heinicke**, geb. Kludt, Directorin des Taubstummeninstituts, geb. zu Hamburg am 9. November 1757.

7. 1707 geb. Karl Günther **Ludovici**, † am 5. Juli 1778 als Professor der Philosophie.

1735 endete der Kaufmann Heinrich Christian **Winkler**, seit 1730 Rathsherr, durch Selbstmord.

1798 † der Rathsherr und Kaufmann **Eberhard Heinrich Löhr**.

8. 1638 † der Advocat Dr. **Matthias Berlich**, geb. zu Schkölen in Thüringen.

1813 † Dr. Christian Gottfried **Hermann**, Bürgermeister, geb. am 4. Februar 1743 zu Plauen.

9. 1616 † Christoph **Schilert**, Rathsherr.

10. 1599 † Dr. Johann **Mönch**, Ordinarius der Juristenfacultät und Bürgermeister, geb. am 15. August 1536 zu Schneeberg.

1726 † *Johann Jakob Kees, Rathsherr und Baumeister, auch von 1705—1712 Ober-Postmeister.*

1744 geb. Otto Karl Rudolph **Welk**, † am 21. November 1796 als Ober-Postamts-Director.

11. 1558 † M. Justus **Menius**, Pfarrsubstitut an der Thomaskirche, geb. am 13. December 1499 zu Fulda (?).

1667 geb. Georg Heinrich **Götze**, † als Superintendent zu Lübeck am 25. April 1728.

12. 1657 geb. Johann Christian **Welsch**, † als Rathsherr und Baumeister am 27. Mai 1717 auf dem Brandvorwerke.

1777 geb. Karl Ludolph **Hansen**, † als Dr. der Rechte und Advocat am 30. Januar 1841.

1845 † Nanny **Höfler**, Schauspielerin, geb. am 3. Juni 1821 zu Frankfurt am Main.

13. 1617 † Thomas **Schürer**, Buchhändler.

1655 geb. Johann Christoph **Denner**, † in Nürnberg am 20. April 1707; Erfinder der Clarinette.

1718 geb. Friedrich August **Junius**, † als Dr. der Rechte und Rathsherr am 4. April 1768.

1741 † Dr. Johann August **Hölzel**, **Edler von Sternstein**, Rathsherr und Proconsul, geb. zu Annaberg.

1835 † der Goldarbeiter Heinrich Christoph Karl **Westermann**, einer der geschicktesten Künstler seines Faches, geb. im Jahre 1777.

14. 1714 † *Friedrich Weise, Kaufmann und Rathsherr.*

1774 † **Johann Jakob Reiske**, Rector der Nikolaischule und ausserordentlicher Professor der arabischen Sprache, auch Dr. der Medicin, geb. am 25. December 1716 zu Zörbig.

August.

- 1855 † Dr. August Ludwig Gottlob **Krehl**, Professor der Theologie und Universitätsprediger, geb. zu Eisleben im J. 1784.

15. 1576 † Dr. Jakob **Thoming**, Ordinarius der Juristen-Facultät, geb. 1523 in Schwerin. Er hatte wichtigen Antheil an der Gesetzgebung des sächsischen Kurfürsten August.
- 1650 † Johann **Hammer**, Rathsherr von 1641—1648.
- 1764 † Johann Friedrich **Krumbhaar**, Kaufmann und Rathsherr, geb. zu Schleiz am 21. December 1694.

16. 1604 † *Johann Seidel, Bürgermeister, geb. im Jahre 1548.*
- 1619 geb. Christoph **Pinkert**, † am 24. Mai 1678 als Dr. der Rechte und Bürgermeister.
- 1651 geb. Quintus Septimius Florenz **Rivinus**, † am 22. März 1713 als Dr. der Rechte und Bürgermeister.
- 1661 geb. Christian Gottfried **Frankenstein**, † am 26. August 1717. Er war Dr der Rechte, Schöppehstuhls-Assessor und Advocat; Geschichtsschreiber.
- 1698 † Georg Moritz **Weidmann**, Begründer der Weidmannschen Buchhandlung, geb. am 13. März 1658 zu Speier.
- 1754 † Dr. Johann Friedrich **Bastineller**, Rathsherr, geboren zu Halle am 8. Juli 1683.

17. 1677 geb. Christian Ludwig **Stieglitz**, † als Dr. der Rechte und Bürgermeister am 28. Juli 1758.

18. 1566 † Jakob **Griebe**, Kaufmann und Rathsherr, geb. zu Berlin.
- 1667 † Johann von der **Burgk**, Kaufmann und Rathsherr, Herr auf Stötteritz, geb. am 10. April 1612 zu Lennep.
- 1678 † Christian **Ruder**, Rathsherr.
- 1780 † Dr. Johann Tobias **Richter**, Rathsherr und Baumeister, geb. am 24. August 1714 zu Triebel in der Niederlausitz.
- 1644 geb. Johann **Seydel**, † als Rathsherr und Domherr zu Wurzen am 2. September 1712.

19. 1597 geb. Zacharias **Schürer**, † als Buchhändler bereits im Jahre 1629.
- 1630 † Paul **Frankenstein**, Stadtrichter.
- 1801 geb. Christian Friedrich Wilhelm **Schönemann**, † am 26. April 1843 als Baccalaur. der Rechte und Notar.

20. 1621 geb. Christian Friedrich **Frankenstein**, † im Jahre 1679 als Professor der lateinischen Sprache und der Geschichte.
- 1792 geb. Karl Gotthelf **Friedrich**, † als praktischer Arzt am 6. October 1832.
- 1823 † Friedrich Arnold **Brockhaus**, Buchhändler und Buchdruckereibesitzer, geb. im Jahre 1772 zu Dortmund.
- 1842 † Gustav Ludwig **Heinemeyer**, Lehrer an der zweiten Bürgerschule, geb. am 29. September 1806 zu Zittau.

21. 1668 geb. Johann George **Sieber**, † am 24. August 1742 als Rathsherr und Baumeister, Kaufmann und Herr auf **Plaussig**.

August.

1731 geb. Karl Franz **Romanus**, † am 20. April 1787 als Geheimer Kriegsrath in Dresden; dramatischer Dichter.
1793 † Dr. Johann Christoph **Kind**, Stadtrichter, geb. zu Werdau im Jahre 1728.
1840 † Dr. Karl August **Kuhl**, Professor der Chirurgie und Stadt-Wundarzt, geb. zu Baalsdorf am 31. Juli 1774.

22. 1412 geb. **Friedrich**, Markgraf zu Meissen, Sohn des Kurfürsten Friedrich des Streitbaren, † als Kurfürst zu Sachsen am 7. September 1464. Die Geschichte gibt ihm den Beinamen des Sanftmüthigen.
1612 † David **Leicher**, Rathsherr und Baumeister, geb. zu Torgau am 16. December 1544.
1740 † Dr. Johann Gottfried **Winckler**, Stadtrichter, geboren zu Neustadt bei Stolpen am 25. September 1683.
1746 geb. Anna Katharina **Schönkopf**, † am 20. Mai 1810 als Wittwe des Proconsuls Kanne; Jugendfreundin des Dichters Göthe.
1849 † Wilhelm Leberecht **Barth**, der letzte Stadtmusikus.

23. 1447 † *Heinrich* **Winter**, *Stadtrichter.*
1463 † *Hanns* **Breunsdorf**, *Stadtrichter.*
1750 geb. Jakob Friedrich **Kees**, † am 5. December 1821 als Dr. der Rechte und Oberhofgerichts-Assessor.
1833 † Karl Leberecht **Hammer**, Banquier, geb. zu Wahren am 7. April 1792.

24. 1714 geb. Maria Louise **Weidmann**, Tochter und Erbin des Hofbuchhändlers Moritz Georg Weidmann, † am 6. Januar 1793; Stipendienstifterin.
1765 geb. Karl Gottfried **Bauer**, † als Dr. der Theologie und Pastor zu St. Nicolai am 15. December 1842.
1769 † Dr. David **Leonhardi**, praktischer Arzt, geb. im Jahre 1693.

25. 1693 geb. Georg Adolph **Schuberth**, † bereits am 14. April 1724 als Professor der Institutionen.
1706 † Dr. Christian Benjamin **Jacobi**, Stadtrichter, geboren im Jahre 1665 zu Dresden.

26. 1673 geb. Michael Ernst **Ettmüller**, † am 25. September 1732 als Professor der Pathologie.
1696 geb. Johann Zacharias **Richter**, † als Rathsherr und Baumeister am 19. December 1764; Kaufmann und Kunstfreund.
1719 geb. Johann Gottfried **Sammet**, als Dr. der Rechte und ausgezeichneter Rechtslehrer am 17. November 1796.
1780 † Dr. Johann Christoph **Pohl**, Professor der Pathologie, geb. am 22. Juni 1705 zu Lobendau bei Liegnitz.

27. 1622 geb. Jakob **Thomasius**, † als Professor der Beredtsamkeit und Rector der Thomasschule am 9. September 1684.
1845 † *Justus Heinrich* **Hansen**, Kaufmann, 69 Jahre alt.

August.
1846 † Gottfried Wilhelm **Fink**, früher Prediger und Director eines Knabeninstituts, ein vorzüglicher Kenner der Musikwissenschaft, Herausgeber des „musikalischen Hausfreunds", geb. am 7. März 1783 in Sulza.

28. 1624 geb. Johann **Thomae**, † am 2. Mai 1679 als Canzler und Geheimer Rath zu Altenburg.
1754 geb. Friedrich Andreas **Gallisch**, † am 15. Februar 1783 als ausserordentlicher Professor der Medicin.
1773 geb. Karl Gottlieb **Weber**, † (in den Adelstand erhoben) als Consistorial-Präsident zu Dresden am 25. Juli 1849.

29. 1771 geb. Christian August **Fischer**, † als Privatgelehrter zu Mainz am 14. April 1829.
1804 † Dr. Christian Friedrich **Michaelis**, praktischer Arzt und fleissiger Uebersetzer von Schriften englischer Aerzte, geb. zu Zittau am 18. Mai 1727.

30. 1589 † Kaspar **Schellhammer**, Rathsherr.
1666 † Dr. **Benedict Carpzow**, Ordinarius der Juristen-Facultät, berühmter Criminalist, geb. zu Wittenberg am 27. Mai 1597.
1707 † *Samuel Friedrich* **Rappolt**, *Rathsherr von 1692—1702, geb. im Jahre 1660.*
1815 † Christian Gottfried **Sperbach**, Kaufmann und Rathsherr, geb. zu Schmiedeberg im Jahre 1741.

31. 1642 geb. Johann Friedrich **Falkner**, ward Dr. der Rechte und Bürgermeister und † am 18. Januar 1703.
1777 geb. Karl Christian Samuel **Andrae**, † als Buchhändler am 27. September 1832.

September.

September.
1. 1600 † der Rathsherr Melchior **Brauer**.
1707 † Dr. Johann Alexander **Christ**, Bürgermeister, geboren zu Wunsiedel am 8. September 1648.
1772 geb. Heinrich Wilhelm **Richter**, † als Dr. der Medicin am 7. Februar 1835.
1849 † Karl Friedrich von **Posern-Klett**, Kaufmann und Stadtrath, Numismatiker, geb. zu Merseburg am 26. Juli 1798.

2. 1518 † Sebastian **Osterland**, Rathsherr.
1563 † Johann **Schillert**, Rathsherr und Baumeister.
1726 geb. Peter von **Hohenthal**. Er ward in den Grafenstand erhoben und † als Ober-Consistorial-Präsident am 14. August 1794 zu Herrnhut, ein auch um Leipzig hochverdienter Mann.

September.

1756 † Johann Friedrich **Christ**, Professor der Dichtkunst und Rector der Universität, Kunstfreund und Alterthumskenner, geb. zu Coburg im April 1701.

1856 † Dr. Ludwig **Puttrich**, Advocat, Herausgeber der Bau-Denkmäler des Mittelalters in Ober-Sachsen, im 74. Jahre.

3. 1633 geb. Christoph Hartmann **Schacher**, † als Dr. der Rechte und Stadtrichter am 29. August 1690.

1636 † Christoph Lorenz **Wagner**, dritter College an der Nikolaischule, geb. zu Grimma.

1757 † Karl **Harn**, ein Jesuit, Superior an der römisch-katholischen Capelle.

1770 geb. Christian Friedrich **Michaelis**, † am 1. August 1834 als Privatdocent der Philosophie.

1798 geb. Christian Gustav **Haase**, † am 7. September 1849 als praktischer Arzt und gewesener Commandant der Communalgarde.

4. 1639 † *Eduard* **Becker**, *Kaufmann und Rathsherr.*

1663 † M. Johann **Hornschuch**, Professor der griechischen Sprache und Rector der Nikolaischule, geb. am 12. Decbr. 1599 zu Themar.

5. 1618 geb. Theophilus **Colerus**, † am 16. Juli 1685 als General-Superintendent in Jena.

1659 † Heinrich **Grahmann**, Stadtrichter, geb. im Jahre 1595 zu Römhild.

1660 † M. Johann **Preibisius**, Stadtrichter und Beisitzer der philosophischen Facultät, geb. im Jahre 1610 zu Sprottau.

1763 † Dr. Johann Gottlieb **Stör**, Rechtsconsulent und Privatdocent, geb. im Jahre 1704.

6. 1724 geb. Dorothea Henriette **Rother**, älteste Tochter des Commissionsrathes Dr. Johann Heinrich Rother, seit 1762 Wittwe des sächsischen Obristlieutenants Ferdinand Eduard von **Runkel**, † als Erzieherin junger adeliger Damen zu Dresden am 13. Juni 1800, auch als Schriftstellerin durch ihre „Moral für Frauenzimmer" und ihre „Originalbriefe" rühmlichst bekannt.

1767 geb. Rudolph **Hommel**, † am 7. August 1817 als Dr. der Rechte.

1776 † Jakob Friedrich **Schröter**, Kaufmann und Rathsherr.

1780 † Wolfgang Georg **Welk**, Ober-Postamts-Director, geb. zu Meissen im J. 1703, Stammvater der Freiherren von Welk.

7. 1513 † Johann von **Leimbach**, Bürgermeister.

1677 geb. Christian **Teichmann**, † als Pfarrer zu Hohenleine an seinem Geburtstage 1745.

1838 † der Steuer-Revisor Traugott Wilhelm **Pfeiffer**, geb. zu Ober-Röblingen in Thüringen am 9. November 1797.

8. 1511 geb. Wolfgang **Pellicke**, † am 5. März 1596 als Bürgermeister.

September.

1714 † Johann Georg **Rössner**, Kaufmann und Rathsherr, geb. am 21. November 1652 zu Calbe.

1813 † Johann Conrad **Hinrichs**, Buchhändler.

9. 1608 † Jakob **Volkmar**, Kaufmann und Rathsherr.
1747 geb. Christian Gottlob **Frege**, † als Kammerrath und Chef des Banquier-Geschäfts Frege u. Co. am 3. Februar 1816.
1838 † der Kürschnermeister Friedrich Gottlob **Adam**, noch hoch bejahrt ein rüstiger Schütze, geb. im Jahre 1756.

10. 1561 † *Nikolaus* **Volkmar**, *Kaufmann und Bürgermeister, geb. im Jahre 1498.*
1576 † Dr. Maximus **Görltz**, Professor der Medicin, geboren zu Merseburg.
1665 geb. Georg **Beyer**, † als Professor der Rechte zu Wittenberg am 16. August 1714.
1669 † Dr. Elias Sigismund **Reinhardt**, Professor der Theologie, Pastor zu St. Nicolai und Superintendent, geb. am 18. Mai 1625 zu Halle.
1784 † der Kaufmann Johann Friedrich **Richter**, Stifter eines Stipendiums für Studirende.
1805 † Dr. Johann Friedrich **Burscher**, Professor der Theologie, geb. am 16. Februar 1732 zu Camenz.

11. 1444 † Dr. Nikolaus **Weigel**, Professor der Theologie, im Jahre 1431 Abgeordneter der Universität auf der Kirchenversammlung zu Basel.
1656 † Jakob **Metzner**, Bürgermeister.
1781 † Dr. **Johann August Ernesti**, Professor der Theologie, geb. zu Tennstädt am 4. August 1707. Von 1734—1756 war er Rector der Thomasschule.
1803 geb. Christian Ludwig **Stieglitz**, † am 31. October 1854 als Dr. der Rechte und Appellationsgerichtsrath in Dresden.

12. 1552 † *der Rathsherr und Baumeister Johann* **Hütter**, *114 Jahre alt.*
1746 geb. Johann Ehrenfried **Pohl**, † am 25. October 1800 als kurfürstlicher Leibarzt zu Dresden. Er war auch Professor der Medicin zu Leipzig.
1748 † *Dr. Friedrich Benedict* **Oertel**, *Rathsherr.*
1799 † Karl Christoph **Sattler**, Kaufmann und Rathsherr.
1806 † Christian Gottfried **Thomas**, Musiklehrer und Componist, geb. zu Wehrsdorf am 2. Februar 1748.

13. 1630 † M. Balthasar **Hilscher**, Diakon an der Nikolaikirche, geb. am 1. April 1595 zu Hirschberg.
1657 † Michael **Brummer**, Kaufmann und Rathsherr.
1689 geb. Gottfried Wilhelm **Küstner**, † als Dr. der Rechte und Bürgermeister am 2. December 1762.
1719 † *der Rathsherr Dr. Johann Leonhard* **Zoller**, *geb. 1691.*
1740 geb. Quirinus Gottlieb **Schacher**, † als Dr. der Rechte und designirter Bürgermeister am 23. März 1801.
1741 † *Dr. Adrian* **Steger**, *Bürgermeister im 80. Lebensjahre.*

September.
- **14.** 1559 † Wolfgang **Wagner**, Rathsherr.
  - 1778 † *Dr. Johann Gottfried* **Lange**, *Rathsherr und Baumeister.*
  - 1781 † Heinrich Gottlieb **Francke**, Professor der Moral und Staatslehre, geboren am 10. August 1705 zu Teichwitz bei Weida.
- **15.** 1621 geb. **Kaspar Ziegler**, † als Ordinarius der Juristen-Facultät zu Wittenberg am 17. April 1690. Er war auch Mathematiker, Dichter und Musiker, stiftete noch als Student zu Leipzig das bekannte Collegium Gellianum und machte die Deutschen zuerst mit den Madrigalen bekannt. Berühmt ist auch sein Regicidium Anglorum.
  - 1830 † Emilie Friederike Sophie **Lohmann**, Romanschriftstellerin, Tochter des preussischen Auditeurs Lohmann in Schöneberg, geb. zu Magdeburg.
- **16.** 1708 geb. Kaspar **Richter**, † als Kaufmann, Rathsherr und Baumeister am 7. August 1770.
  - 1720 † *Dr. Christian Gottfried* **Götze**, *Stadtrichter.*
  - 1775 geb. Christian Friedrich **Schwägrichen**, † als Professor der Botanik am 2. Mai 1853.
- **17.** 1638 † Dr. Johann **Zabel**, Bürgermeister, geb. in Brandenburg.
  - 1735 † Gottlob Friedrich **Jenichen**, Professor der Moral und Staatslehre, geb. am 26. März 1680 zu Eutritzsch.
  - 1749 geb. Christoph Friedrich **Wolle**, † geisteskrank zu Zwickau am 28. September 1832 als Dr. der Rechte und emeritirter Rathsherr.
  - 1771 geb. Johann August **Apel**, † als Dr. der Rechte und Rathsherr am 9. August 1816; auch Dichter und musikalischer Schriftsteller.
  - 1835 † Dr. Ernst Friedrich Karl **Rosenmüller**, Professor der orientalischen Sprachen, geb. zu Hessberg am 10. December 1768.
- **18.** 1522 † Dr. Johann **Pellicke**, Professor der Decretalen und Proconsul, geb. zu Zeitz.
- **19.** 1540 † Dr. Arnold **Woestefeldes**, Professor der Theologie, geb. zu Lindau.
  - 1667 geb. Daniel **Winkler**, † am 19. August 1730 als Kaufmann, Rathsherr und Baumeister.
  - 1749 † Johann Friedrich **Menz**, Professor der Physik, geb. zu Lütgen-Dortmund am 7. November 1673.
  - 1847 † M. Johann Christian **Jahn**, Conrector an der Thomasschule, Begründer der Jahrbücher für Philologie und Pädagogik.
- **20.** 1705 † Johann Jakob **Kees**, Kaufmann, Rathsherr und Oberpostmeister, geb. am 10. Mai 1645 zu Lindau.
  - 1762 geb. Karl August **Brehm**, † als Dr. der Rechte und Oberhofgerichtsrath am 7. October 1844.

September.
  1830 † Johann Wilhelm **Luderer**, General-Accis-Obereinnehmer, geb. am 9. December 1757 in Oelsnitz.
  1847 † die Klavierspielerin Auguste **Sachse**, geb. zu Weissenfels im Jahre 1827.
  1856 † Dr. Johann Christian Gottfried **Jörg**, Professor der Geburtshülfe und Director des Hebammeninstituts.
21. 1548 † Heinrich **Scherlt**, Rathsherr und Baumeister, 74 Jahre alt.
  1720 † Dr. Christoph **Schreiter**, Professor der Pandecten, geb. zu Wurzen am 19. April 1662.
  1789 † Friedrich Balthasar **Hummel**, Kaufmann und Rathsherr.
22. 1662 geb. Johann Georg **Pritius**, † als Dr. der Theologie und Senior des Ministeriums zu Frankfurt am Main am 24. August 1732.
  1710 geb. Georg Matthias **Bose**, † als Professor der Physik zu Wittenberg am 1. September 1761.
  1733 geb. Heinrich Gottfried **Bauer**, † am 4. Mai 1811 als Ordinarius der Juristen-Facultät.
  1798 geb. Karl Friedrich **Sterzel**, † als Doctor der Philosophie und Bürgerschullehrer zu Chemnitz am 25. Mai 1841.
23. 1600 geb. Jeremias **Weber**, † am 19. März 1643 als Archidiakon zu St. Nikolai, Herausgeber des Leipziger Gesangbuchs vom Jahre 1638.
  1689 † Dr. Johann Kaspar **Pflaume**, Stadtrichter.
  1692 † *Christoph* **Pinkert**, *Rathsherr*.
  1771 geb. Christian August **Michaelis**, † als Dr. der Rechte, Advocat und Gerichtsdirector am 8. September 1849.
  1823 † M. Gotthilf Anton **Eberhard**, Vorsteher einer Erziehungsanstalt, geb. am 20. Februar 1764 zu Meiningen.
24. 1692 geb. Friedrich Benedict **Schreckenfels**, † als Dr. der Rechte und Rathsherr am 11 October 1739.
25. 1677 geb. Hartmann **Winkler**, † am 2. November 1752 als Kaufmann, Rathsherr und Baumeister.
  1860 † Karl Friedrich **Zöllner**, Gesanglehrer an der Raths-Freischule, hochverdient um den Männergesang, geb. am 17. März 1800 zu Mittelhausen in Thüringen.
26. 1691 † Gottfried **Auerbach**, Kaufmann und Rathsherr, geb. zu Borna am 8. December 1643.
  1783 † Christian Friedrich Ernst **Reinthaler**, Mechanicus und Opticus, 49 Jahre alt.
27. 1596 geb. Sebastian **Oheim**, † am 18. August 1662 als Kaufmann, Rathsherr und Baumeister.
  1665 † Philipp Jakob **Lindner**, Stadtrichter, geb. am 31. Juli 1616 zu Naumburg.
  1719 geb. Abraham Gotthelf **Kästner**, † am 20. Juni 1800 als Professor der Mathematik und Physik zu Göttingen, eine Zierde der dasigen Universität und deutscher Wissenschaftlichkeit überhaupt.

September.

- **28.** 1670 geb. Gottfried **Boenigk**, † als Dr. der Rechte und Advocat bei der Magdeburgischen Regierung am 1. Juli 1720.
  - 1692 † Friedrich **Conrad**, Kaufmann und Rathsherr, geboren am 23. September 1640 zu Gera.
  - 1838 † Dr. Friedrich Huldreich Karl **Siegmann**, Bürgermeister, geb. zu Stolberg am Harz am 28. April 1760.
  - 1803 † Dr. Johann Gottfried **Neumann**, Rathsherr, geboren zu Merseburg am 5. Juli 1749.
- **29.** 1561 † Dr. Valerius **Pfister**, Professor der Rechte.
  - 1683 geb. Christian Michael **Bohn**, † als Dr. der Rechte und Rathsherr am 13. März 1713.
  - 1783 geb. Johann Gottlieb **Wendt**, † am 15. October 1836 als Professor der Aesthetik und Geschichte der Philosophie zu Göttingen, ein ausgezeichneter Kunstkritiker und Musikfreund.
  - 1794 † Dr. Karl Friedrich **Trier**, Rathsherr und Proconsul, geb. zu Dresden am 11. August 1726.
- **30.** 1574 † M. Sebastian **Rösler**, Rector der Nikolaischule, geb. zu Wunsiedel.
  - 1631 geb. Johann **Leyser**, † im J. 1684 nach einem flüchtigen, umherschweifenden Leben. Er vertheidigte die Vielweiberei als erlaubt und geboten.
  - 1698 geb. Johann Daniel **Menzel**, der Sohn eines Puderhändlers, † als ungarischer Husarenoberst, einer der kühnsten Parteigänger, im Mai 1744 bei Oppenheim. Er wurde in den Freiherrnstand erhoben.

October.

- **1.** 1650 geb. Johann **Peilicke**, † als Dr. der Rechte, Rathsherr und Baumeister am 21. August 1704.
  - 1772 † Georg Gottlieb **Haubold**, Professor der Physik, geb. zu Dresden am 6. Juni 1714.
  - 1824 † Siegfried Leberecht **Crusius**, Buchhändler, geb. am 16. Juni 1738 zu Langenhessen.
  - 1843 † *Charlotte* **Fink**, *eine kunstfertige Klavierspielerin, 23 Jahre alt.*
- **2.** 1594 † *Dr. Siegmund* **Badehorn**, *Bürgermeister.*
  - 1659 † Gottfried Ehrenreich **Berlich**, Rathsherr.
  - 1725 † Dr. Georg Sigismund **Schweitzer**, preussischer Hofmedicus und Landphysicus im Königsberg-Neumärkischen Kreise. Den Zeitgenossen galt er als eine Zierde der Leipziger Chirurgen.

October.

1745 † der Universitätsrector Dr. Heinrich **Klausing**, Professor der Theologie, geb. am 28. December 1675 zu Herford.

3. 1754 † Johann **Stäps**, ein Meister in der Schreibkunst.
1831 † *Henriette* **Weisse**, *Ehegattin des Feuerversicherungs-Directors Karl Weisse, Tochter des Cantors* **Schicht**, *eine ausgezeichnete Sängerin, geb. im J. 1791.*

4. 1751 geb. Gottlieb Samuel **Forbiger**, † als Rector der Nikolaischule am 2. Mai 1828.

5. 1524 † Cäsar von **Pflug**, Marschall des Herzogs Georg zu Sachsen, Vater des Bischofs zu Naumburg, Julius v. Pflug.
1589 † Kilian **Kühlewein**, Rathsherr und Baumeister, geb. zu Würzburg.
1607 † Matthäus **Dresser**, Professor der griechischen und lateinischen Sprache, geb. am 24. August 1536 zu Erfurt.
1703 geb. Christian **Weiss**, † als Archidiakon an der Nikolaikirche am 25. April 1843, einer der edelsten Sprösslinge seines Geschlechts; Stifter der gelehrten Gesellschaft der „Wissbegierigen".
1755 geb. Johann Gottlieb **Dähne**, † am 27. März 1830 als Dr. der Medicin und praktischer Arzt.
1760 † Dr. Gottfried **Maskow**, Professor des Natur- und Völkerrechts, geb. zu Danzig am 26. September 1698.

6. 1509 † Dr. Johann **Wagner**, Dekan der medicinischen Facultät, geb. zu Landsberg.
1632 geb. Johann Benjamin **Schilter**, † als Pastor Primarius zu St. Wenzel in Naumburg am 30. September 1684.
1720 † Dr. Johann **Dornfeld**, Professor der Theologie, Pastor zu St. Nicolai und Superintendent, geb. am 30. September 1643 zu Angermünde.
1747 † Johann Michael **Fried**, Kaufmann und Rathsherr.

7. 1659 † Zacharias **Griebner**, Rathsherr, geb. am 13. März 1601 zu Chemnitz.
1681 † Christoph **Mühlbach**, Postmeister.
1759 † Gottfried **Barthel**, Kaufmann und Rathsherr, geb. im J. 1692.

8. 1686 geb. Johann Ernst **Kregel**. Er ward Dr. der Rechte und mit dem Beinamen von **Sternbach** in den Adelstand erhoben. Von 1711—1731 war er Rathsherr und † am 3. Februar 1737.
1774 erschoss sich der berüchtigte Abenteurer Johann Georg **Schrepffer** im Rosenthale.
1842 † Friedrich Christian Wilhelm **Vogel**, Buchhändler, geb. am 30. April 1776 zu Casendorf im Bayreuthischen.

9. 1558 geb. Christoph **Meurer**, † als Stadtphysicus und Lazarethartzt am 21. August 1616. Schon im Jahre 1611 schrieb er eine Anweisung zur Todtenschau.

October.

- 1841 † Christian Friedrich Gottlob **Bärwinkel**, Besitzer der Salomonisapotheke, geboren zu Voigtstädt bei Artern am 12. September 1786.

10. 1565 † Paul **Barth**, Prediger zu St. Georg, ein fleissiger Besucher der Pestkranken, geb. zu Zwickau.

1667 † Dr. Samuel **Lange**, Professor der Theologie, Pastor an der Thomaskirche und Superintendent, geb. zu Meuselwitz am 18. Februar 1618.

1792 † Dr. August Friedrich **Schott**, Professor der Pandekten, geb. zu Dresden am 11. April 1744.

11. 1554 geb. Andreas **Schneider**, † am 31. December 1620 als Archidiakon zu St. Thomas.

1799 † Johann Friedrich **Fischer**, ausserordentlicher Professor der Philosophie und Rector der Thomasschule, geboren zu Coburg am 10. October 1726.

12. 1628 geb. Heinrich **Winckler**, † als Kaufmann, Rathsherr und Baumeister am 15. November 1704.

1650 geb. Gottfried **Barth**, † als Dr. der Rechte und Advocat am 21. Juni 1728.

1717 geb. Georg Friedrich **Bärmann**, † als Professor der Mathematik zu Wittenberg am 6. Februar 1769.

1746 † Dr. Augustin Friedrich **Walther**, Professor der Therapie und Dekan der medicinischen Facultät, ausgezeichneter Anatom und Botaniker; geboren am 26. October 1688 zu Wittenberg.

13. 1736 † M. Johann Friedrich **Steinbach**, Oberdiakon an der Neukirche, geb. zu Auerbach im Voigtlande am 3. Juni 1658.

1828 † Dr. Christian Gottlob **Biener**, Ordinarius der Juristen-Facultät, geb. zu Zörbig am 10. Januar 1748.

14. 1650 † Henning **Schürer**, Buchhändler, durch Mörderhand auf dem Neumarkte.

1682 geb. Michael Heinrich **Griebner**, † am 19. Februar 1734 als Ordinarius der Juristen-Facultät.

1771 geb. Christian Gottfried Daniel **Stein**, † als Gymnasialprofessor zu Berlin am 14. Juni 1830; Geograph und Statistiker.

1799 † Johann **Wendler**, Buchhändler, Stifter der nach ihm benannten Freischule, geb. zu Nürnberg am 23. October 1713.

15. 1779 geb. August Ferdinand **Häser**, † als Musikdirector zu Weimar am 1. November 1844.

1837 † C. L. Methusalem **Müller**, S. Hildburghausenscher Hofrath, geb. am 16. Juni 1771 zu Schkeuditz.

16. 1470 † Stephan **Bleeker**, Rathsherr.

1479 † Bartholomäus von **Stade**, Prior des Dominicanerclosters zu St. Pauli.

October.
- 1729 † Johann Heinrich Ernesti, Professor der Dichtkunst und Rector der Thomasschule, geb. am 12. März 1652 zu Königsfeld bei Rochlitz.
- 1786 † der Stadt-Commandant Johann Friedrich Graf Vitzthum von Eckstädt.
- 1795 † Dr. Johann Samuel Traugott Gehler, Rathsherr, geb. am 1. November 1751 zu Görlitz.

17.
- 1592 geb. Quirinus Schacher, † am 8. März 1667 als Kaufmann, Rathsherr und Baumeister.
- 1630 geb. Johann Georg Sieber, † als Kaufmann und Rathsherr am 10. September 1680.
- 1747 geb. Samuel Ebert, † als Prediger zu St. Georg.

18.
- 1765 geb. Heinrich Blümner, † als Dr. der Rechte und Oberhofgerichtsrath am 13. Februar 1839.
- 1775 † Dr. Christian August Crusius, Professor der Theologie, geb. zu Louna bei Merseburg am 10. Januar 1715.

19.
- 1578 geb. Enoch Pöckel, † als Rathsherr und Baumeister am 30. März 1627.
- 1796 geb. Johann Dankegott Weickert, † am 1. Februar 1841 als Conrector des Gymnasiums zu Luckau in der Niederlausitz.
- 1813 fand Fürst Joseph Poniatowsky, französischer Marschall, seinen Tod in der Elster bei dem Rückzuge der französischen Armee.
- 1844 † Johann Samuel Gottschalch, Kreis-Steuerrath, im 63. Jahre.

20.
- 1687 geb. Christoph Ludwig Stieglitz, † als Dr. der Theologie und Oberpfarrer zu St. Wenzel in Naumburg.
- 1851 † Dr. Friedrich August Christian Rathgeber, Lehrer der romanischen Sprachen, im 67. Lebensjahre.

21.
- 1674 † Matthäus Gretner, Schreib- und Rechnenmeister, geb. zu Triptis am 12. September 1627.
- 1789 geb. Ernst Friedrich Günther, † am 30. August 1850 als Dr. und Professor der Rechte.
- 1734 † Theodor Oertel, Kaufmann, Rathsherr und Baumeister, Herr auf Gautzsch, geb. zu Berlin am 6. Februar 1659.

22.
- 1657 † Dr. Johann Benedict Carpzow, Professor der Theologie und Archidiakon zu St. Thomas, geb. am 22. Juni 1607 zu Rochlitz.
- 1721 † Dr. Adam Rechenberg, Professor der Theologie, geb. am 7. September 1642 zu Leipsdorf bei Augustusburg.
- 1843 † Johann Karl Stephan Schmaltz, Buchhändler, geb. zu Quedlinburg am 10. Juni 1810.

23.
- 1836 † Dr. Johann David Goldhorn, Professor der Theologie und Pastor an der Nikolaikirche, geboren zu Püchau am 12. September 1774.

October.
24. 1556 † Wolfgang **Elwange**, Rathsherr und Baumeister.
 1561 geb. Cornelius **Becker**, † als Professor der Theologie und Pastor zu St. Nicolai am 25. Mai 1604; Liederdichter.
 1758 † Jobst Heinrich **Hansen**, Kaufmann und Rathsherr, geb. am 29. Juni 1697 zu Hildesheim.
 1766 geb. Georg Christian **Vollsack**, † als Kaufmann und emeritirter Rathsherr und Baumeister am 6. Februar 1839.
 1786 † Dr. Friedrich Immanuel **Schwarz**, Professor der Theologie, geb. am 5. März 1728 zu Lorenzkirchen.
25. 1597 geb. Quirinus **Schacher**, † als Appellationsrath und Professor der Rechte am 14. Juni 1670.
 1623 † Peter **Heinze**, Kaufmann und Rathsherr, geb. zu Berlin im J. 1561.
 1735 † Samuel **Richter**, Kaufmann und Rathsherr.
 1832 † Heinrich Gottlob **Baumgärtner**, Buchhändler, geb. zu Schneeberg im J. 1763.
26. 1694 geb. Rudolph August **Schubart**, † als Dr. der Rechte und Bürgermeister am 27. October 1770.
 1823 † Karl Heinrich **Grünler**, Zeichnenlehrer, geb. am 3. December 1761 zu Trünzig.
 1843 † Gustav **Butziger**, Rechtscandidat, satyrischer Schriftsteller, im 32. Jahre.
 1851 † Gotthelf Leberecht **Berthold**, Schauspieler, geboren am 2. April 1795 zu Brand bei Freiberg.
27. 1593 geb. Marcus **Scipio**, † als Rathsherr und Baumeister am 29. September 1663.
 1638 geb Friedrich **Kühlewein**. Er ward in den Adelstand erhoben und † als Rathsherr und Geheimer Kriegsrath am 25. Juni 1715.
 1741 † Michael **Koch**, Kaufmann und Rathsherr.
 1745 † *Dr. Karl Friedrich **Romanus**, Rathsherr und Baumeister.*
 1806 † der französische Brigadegeneral **Macon**, Stadt-Commandant.
 1834 † Dr. Johann Adam **Bergk**, der erste Redacteur des Leipziger Tageblatts.
28. 1489 geb. Simon **Pistoris**, † als kursächsischer Canzler am 2. December 1562.
29. 1654 † Friedrich **Conrad**, Kaufmann und Rathsherr, 46 Jahre alt.
 1689 geb. Johann Christoph **Richter**, † als Kaufmann, Rathsherr und Baumeister am 27. Februar 1751.
 1818 † August **Harder**, Musiklehrer und Lieder-Componist, geb. im J. 1774 zu Schönerstädt bei Leisnig.
30. 1522 geb. Wolfgang **Harder**. Er ward Professor der Theologie, Pastor an der Thomaskirche und Superintendent, musste im J. 1592 wegen calvinischer Glaubensmeinungen seine Aemter niederlegen und starb am 16. Februar 1602.

October.

1582 † *Sebastian* **Schweloker***, Rathsherr und Baumeister.*
1613 † Kaspar **Gräfe**, Bürgermeister, geb. zu Lobenstein am 20. November 1547.
1851 † Dr. **Moritz Seeburg**, Stadtrath und Begründer des Johannisthals, geb. zu Torgau am 19. März 1794.

31. 1643 geb. Thomas Ittig, † als Professor der Theologie, Pastor zu St. Nicolai und Superintendent am 7. April 1710; vorzüglich Kenner der Kirchengeschichte.
1719 † Gottfried **Gräve**, Bürgermeister, geboren zu Naumburg am 20. November 1641.
1775 † *Dr. Johann Wendelin* **Neuhaus***, Rathsherr, geb. im Jahre 1713.*

November.

November.

1. 1486 † Dr. Johann **Weise**, Professor der Theologie.
1614 geb. Polykarp **Heiland**, † als Dr. der Rechte und Geheimer Rath zu Wolfenbüttel am 19. März 1662.
1847 † Dr. Wilhelm Gustav **Busse**, ausserordentlicher Professor der Rechte, geb. am 1. November 1807 zu Wurzen.

2. 1644 geb. August Benedict **Carpzow**, † als Dr. und Professor der Rechte am 4. März 1708.
1846 † Dr. Christian Friedrich **Siegel**, Pastor an der Nikolaikirche, geb. im J. 1781 zu Marienberg.

3. 1726 geb. Christian Gottlob **Bose**, † als Dr. der Rechte und Senior des Schöppenstuhls am 30. December 1788.
1752 geb. Christian Friedrich **Pohl**, † als Dr. der Rechte und Proconsul am 27. November 1820.
1759 geb. Ernst Wilhelm **Küstner**, † am 21. September 1836 zu Wurzen als Dr. der Rechte und Herr auf Trossin. Von 1783—1790 war er Rathsherr zu Leipzig.

4. 1500 geb. Martin von **Drembach**, † am 17. December 1571 als Dekan der medicinischen Facultät und Rathsherr.
1683 geb. Jakob **Born**, † als Dr. der Rechte und Bürgermeister am 8. December 1758.
1766 geb. Christian Gottlieb **Haubold**, † als Dr. und Professor der Rechtswissenschaft am 14. März 1824.
1796 † Johann Christian **Müller**, Concert- und Theater-Orchestermitglied, einer der Begründer des Pensionsfond für Musiker, geb. am 18. Januar 1749 zu Sohland an der Spree.
1835 † der Concertmeister Heinrich August **Matthäi**, Begründer des Quartetts für Streichinstrumente, geb. am 3. October 1781 zu Dresden.

November.
- 1846 † die Dichterin **Friederike Roswitha Kind**, Tochter des Hofraths Friedrich Kind und Gemahlin des Rechtsanwalts Alexander Kind, geb. zu Dresden am 7. August 1814.
- 1847 † Dr. **Felix Mendelssohn-Bartholdy**, Kapellmeister, Musikdirector und Lehrer am Conservatorium der Musik, geb. zu Hamburg am 3. Februar 1809.
5. 1658 † Dr. Abraham **Teller**, Pastor an der Thomaskirche, geb. am 17. Januar 1609 zu Wurzen.
- 1748 † M. Adam **Bernd**, der erste Ober-Katechet zu St. Petri, geb zu Breslau am 31. März 1677.
- 1753 † Johann Jakob **Bertram**, Kaufmann und Rathsherr, geb. am 25. Juli 1694 zu Stendal.
- 1843 † Johann Heinrich **Hirzel**, Pastor bei der reformirten Gemeinde, geb. am 2. Februar 1794 zu Zürich.
6. 1564 geboren Johann **Scipio**, † im J. 1617 als Oberhofgerichts-Protonotar und gewesener Rathsherr und Baumeister.
- 1565 † Lorenz **von Reutling**, Rathsherr.
- 1615 † Leonhard **Rosa**, Stadtrichter, geb. zu Iphofen.
- 1703 geb. Johann Friedrich **Mager**, † als Dr. der Rechte und Senior des Schöppenstuhls am 23. December 1777.
- 1775 † Dr. Johann Friedrich **Bahrdt**, Professor der Theologie, Pastor zu St. Thomas und Superintendent, geb. am 11. Juni 1713 zu Lübben.
7. 1748 geb. Johann August **Barthel**, † als Dr. der Rechte und Advocat am 20. December 1796.
- 1766 geb. Paul Christian **Andreae**, † als Pfarrer in Thalbürgel am 9. Januar 1837.
- 1825 † Christian Heinrich **Kotzer**, Privatschullehrer, geboren zu Luckau am 30. December 1755.
8. 1709 † Dr. Leonhard **Baudis**, Stadtrichter, geb. zu Liegnitz am 18. Februar 1651.
- 1748 † Dr. Gottfried **Lange**, Bürgermeister und Kriegsrath, geb. am 7. April 1672 zu Schwerta.
- 1780 geb. Karl Friedrich Salomon **Liscovius**, † als Dr. med. und praktischer Arzt am 31. März 1844.
9. 1773 geb. Karl Friedrich **Solbrig**, † im October 1838 zu Braunschweig, rühmlichst bekannt als Declamator.
- 1776 geb. August **Wichmann**, † am 7. Mai 1824; Schriftsteller.
- 1834 † Leonhard August **Kermes**, Advocat, geb. am 7. September 1772 zu Wehlen bei Hohenstein im Erzgebirge.
10. 1621 † der Buchhändler Henning **Grosse**, als designirter Bürgermeister, geb. zu Halberstadt am 14. August 1553.
- 1844 † Johann Friedrich **Kunze**, Schreiblehrer an der Thomas- und ersten Bürger-Schule.
- 1848 † August Robert **Friese**, Buchhändler, geb. zu Dresden am 8. April 1805.

November.
11. 1478 † *Heinrich* **Stange**, *Rathsherr und Baumeister.*
   1646 † Leonhard **Herrmann**, Kaufmann und Bürgermeister, geb. zu Nürnberg.
   1668 geb. Johann Albert **Fabricius**, † als Professor am Johanneum zu Hamburg am 30. April 1736. Seine Werke unvergleichlichen Fleisses sind dem Alterthumsforscher immer noch unentbehrlich.
   1680 geb. Georg Philipp **Olearius**, † als Dr. der Theologie und Professor der classischen Literatur um 3. Februar 1741.
   1774 geb. Friedrich Benedict **Weber**, † am 8. März 1848 als Professor der Staatswissenschaften zu Breslau.
   1792 † Dr. Samuel Friedrich Nathanael **Morus**, Professor der Theologie, geb. zu Laubau am 30. November 1736.
12. 1555 † Sebastian **Schweickert**, Rathsherr, geb. zu Nürnberg im Jahre 1500.
   1618 geb. Gottfried **Welsch**, † als Dekan der medicinischen Facultät am 5. September 1690. Als Stadtphysicus schrieb er ein Hebammenbuch.
13. 1510 † Lorenz **Mordeisen**, Kaufmann und Rathsherr, Stipendienstifter, geb. zu Hof.
14. 1613 † Johann **Mülmann**, Archidiakon an der Nikolaikirche, geb. zu Pegau am 28. Juni 1573.
   1699 geb. Johann Heinrich **Job**, † am 4. Februar 1762 als Diakon zu Glauchau bei Halle.
   1802 † Dr. Heinrich Friedrich Innocenz **Apel**, Bürgermeister, geb. am 11. October 1732 zu Borna.
   1851 † Johann Rudolph Ferdinand **Gruner-Blümner**, Kaufmann und Herr auf Breitenfeld, geb. zu Halle am 17. Mai 1769.
15. 1567 † *Nikolaus* **Pistoris**, *Rathsherr und Baumeister.*
   1567 † M. Nikolaus **Schreinigk**, Subdiakon an der Nikolaikirche und Professor der hebräischen Sprache, geb. zu Senftenberg.
   1570 † Hanns **Reckhardt**, Besitzer der Mohron-Apotheke und Rathsherr, geb. zu Goslar.
   1733 † Ludwig Christian **Crell**, Professor der Metaphysik und gewesener Rector der Nikolaischule, geb. zu Neustadt an d. Heyde am 28. Mai 1671.
   1781 geb. Johann Karl **Vater**, † als Buchdrucker und Formenschneider am 28. Juli 1840.
   1810 geb. Gustav Ernst **Heimbach**, † am 24. Januar 1851 als Professor der Rechtswissenschaft.
   1862 † Dr. Johann Karl Christoph **Vogel**, Director der ersten und zweiten Bürgerschule und der Realschule, geboren am 19. Juli 1795 zu Stadt-Ilm.
16. 1652 geb. Thomas **Richter**, † als Kaufmann und Rathsherr am 25. Juli 1719.
   1726 geb. Friedrich Adolph **Krüsinger**, † am 16. Juli 1793 als französischer Sprachmeister und Verfasser vieler Schriften zweifelhaften Werthes.

November.

1798 † der Kreisamtmann Johann Gottfried **Blümner**, Herr auf Frohburg u. s. w., geb. im J. 1724 zu Emsclohe.

17. 1599 † *Ludwig Lotter, Rathsherr und Baumeister, geb. im Jahre 1532.*

1609 † Dr. Joachim **Tancke**, Professor der Medicin, geboren zu Perleberg im Jahre 1557.

1813 † *Dr. Karl Christoph* **Kind**, *Rathsherr, geb. im Jahre 1769.*

18. 1575 † Nikolaus **Kuffner**, Rathsherr, geb. im Jahre 1525.

1831 † die Schauspielerin Magdalena **Schmelke**, geb. Albram, geb. zu Wien am 22. Juli 1784.

19. 1683 geb. Johann Siegmund **Griebner**, † als Unter-Diakon an der Neukirche am 1. März 1742.

1753 † Dr. Christian Friedrich **Börner**, Professor der Theologie, geb. am 6. November 1683 zu Dresden.

1766 geb. Christian Ernst **Weisse**, † als Professor der Rechtswissenschaft am 6. September 1832.

20. 1555 † Dr. Johann **Musler**, Professor der Rechte, von 1525 bis 1535 Rector der Nikolaischule, geb. im J. 1502 zu Oettingen in Franken.

1566 † Valentin **Leise**, Rathsherr.

1808 † Johann Georg **Eck**, Professor der Dichtkunst, geb. am 23. Januar 1745 zu Hinternahe bei Schleusingen.

21. 1659 geb. Quirinus Hartmann **Schacher**, † als Dr. der Rechte und Bürgermeister am 23. Januar 1719.

1806 † Dr. Karl Gottlob **Rössig**, Professor des Natur- und Völkerrechts, vielseitig gebildet und ein seiner Zeit geschätzter Kameralist, geb. im J. 1752 zu Merseburg.

22. 1563 † Martin **Martinus**, Kaufmann und Rathsherr, aus den Niederlanden.

1567 † *Dr. Wolfgang* **Krell**, *Rathsherr und Proconsul, Vater des Canzlers Dr. Nikolaus Krell.*

1579 † Dr. Kaspar **Naevius**, Professor der Medicin, geboren zu Chemnitz.

1658 † Bartholomäus **Eichhorn**, Rathsherr und Baumeister, geb. am 24. August 1569 zu Minnerstadt in Franken.

1726 † Thomas **Fritsch**, Buchhändler, Stammvater der Freiherren und Grafen von Fritsch.

23. 1615 † Sethus **Calvisius**, Cantor an der Thomasschule, Musiker und Dichter, auch Mathematiker und Astronom, Chronolog und Astrolog, geb. am 21. Februar 1556 zu Gorschleben in Thüringen.

1719 geb. Johann Gottlob Immanuel **Breitkopf**, † als Buchdrucker und Buchhändler am 28. Januar 1794, ein durch seine Erfindungen um die Verbesserung der Buchdruckerkunst hochverdienter Mann.

1795 †. *Gottfried* **Winckler**, *Kaufmann, Rathsherr und Baumeister, Besitzer einer werthvollen Gemälde- und Kupferstichsammlung.*

November.

24. 1616 geb. Johann Ulrich **Mayer**, † am 31. März 1679 als Dr. der Theologie und Pastor zu St. Thomas.
   1753 geb. Christian Gotthold **Eschenbach**, † am 10. November 1831 als Professor der Chemie.

25. 1542 † Dr. **Heinrich Stromer**, Dekan der medicinischen Facultät, geb. im Jahre 1476 zu Auerbach in der Pfalz, Erbauer von Auerbachs Hof.
   1625 geb. Andreas **Brummer**, † als Dr. der Rechte und Beisitzer der Juristen-Facultät am 28. März 1670.
   1712 † Leonhard **Zoller**, Kaufmann und Rathsherr, geboren zu Memmingen am 2. April 1655.
   1786 † Johann Gottfried **Lange**, Universitäts-Baumeister, geb. am 8. Juli 1718 zu Reichenbach bei Görlitz.

26. 1689 geb. Karl Otto **Rechenberg**, † am 7. April 1751 als Ordinarius der Juristen-Facultät.

27. 1596 † Jodocus **Pfeiffer**, Kaufmann und Rathsherr.
   1628 geb. Thomas **Steger**, † als Archidiakon an der Thomaskirche am 17. März 1674; ein eifriger Bekämpfer des Papstthums und der Jesuiten.

28. 1772 geb. Johann Gottfried Jakob **Hermann**, † als Professor der Beredtsamkeit am 31. December 1848; unter den Philologen aller Zeiten einer der Ersten, Schöpfer der griechischen Metrik und durch seine griechische Gesellschaft als Lehrer zahlreicher Schüler ein merkwürdiger Erhalter und Verbreiter classischer Gelehrsamkeit.
   1843 † Dr. Friedrich Gotthelf **Baumgärtner**, K. Preuss. Geh. Hofrath und General-Consul, geb. zu Schneeberg im J. 1759; Begründer der Baumgärtnerschen Buchhandlung.
   1852 † die Sängerin Eleonore Henriette Magdalena **Bünau**, geb. Grabau, geb. zu Bremen am 29. März 1805.

29. 1563 † *Christoph* **Lotter**, *Rathsherr*.
   1582 geb. Heinrich **Höpfner**, † als Dr. und Professor der Theologie am 10. Juni 1642; als alttestamentlicher Exeget und Erklärer des Aristoteles in hohem Rufe.
   1623 geb. Andreas **Winckler**, † als Kaufmann und Rathsherr am 27. Mai 1675.
   1699 geb. Georg Heinrich **Schmidt**, † als Kaufmann, Rathsherr und Baumeister am 29. August 1761.

30. 1784 † Christian August **Clodius**, Professor der Dichtkunst, geb. am 3. Januar 1737 zu Annaberg.

December.

December.
1. 1597 † *M. Johann* **Schilter**, *Rathsherr*.
   1769 geb. Karl Christian Leberecht **Weigel**, † als Dr. med. und praktischer Arzt zu Dresden am 17. Januar 1845.
2. 1846 † Dr. Gustav von **Zahn**, Advocat im 41. Lebensjahre.
3. 1611 † Dr. Michael **Wirth**, Ordinarius der Juristenfacultät, geb. am 6. Januar 1547 zu Löwenberg in Schlesien; Stifter des achten Freitisches im Universitäts-Convict.
   1634 geb. Wilhelm von **Ryssel**, † am 8. Juni 1703 als Kaufmann, Rathsherr und Baumeister.
4. 1756 † Dr. Johann Christian **Hebenstreit**, Professor der Theologie, geb. am 27. April 1686 zu Neuenhof bei Neustadt im Voigtlande.
5. 1500 † *Ulrich* **Meyer**, *Rathsherr und Baumeister*.
   1717 geb. Friedrich Gottlieb **Zoller**, † als Dr. und Professor der Rechte am 22. Mai 1782.
   1757 † Dr. Johann Ernst **Hebenstreit**, Professor der Therapie und Dekan der medicinischen Facultät, geb. am 14. Januar 1702 zu Neuenhof. Er schrieb ein Buch vom gesunden und kranken Körper in lateinischen Versen.
   1780 geb. Heinrich August **Schott**, † am 29. December 1835 als Kirchenrath und Professor der Theologie zu Jena.
   1792 geb. Friedrich August **Schüssler**, † als Advocat und Gerichtsdirector am 7. November 1845.
   1844 † Karl Heinrich **Reclam**, Buchhändler, 72 Jahre alt.
6. 1506 † M. Johann **Wilde** (Wildow), Bürgermeister, geboren zu Triptis.
   1576 † Hieronymus **Rauscher**, *Bürgermeister, wie man vermuthete, an Gift*. Er war ein herrschsüchtiger, gewaltiger Mann, wenn auch nicht ohne Verdienste, und vielleicht über Verschulden angefeindet.
   1650 geb. Johann Friedrich **Mayer**, † am 30. Mai 1712 als General-Superintendent und Procanzler der Universität zu Greifswalde; Kanzelredner.
   1691 geb. Karl Gottfried **Winckler**, † als Dr. der Rechte, Rathsherr und Baumeister am 19. Mai 1758.
7. 1573 † Dr. Andreas **Funke**, Proconsul, geb. zu Schneeberg im Jahre 1528.
   1646 geb. Engelbert von der **Burg**, † als Dr. der Rechte, Appellationsrath und Senior der Juristenfacultät am 18. Juli 1719.

December:
- 1786 † Georg Friedrich **Treitschke**, Kaufmann, Rathsherr und Baumeister.
- 1845 † der Ober-Postamtsrath Ernst Wolf von **Löben**, der erste Commandant der Communalgarde, geboren am 10. Februar 1795.

8. 1629 † **Johann Friederich**, Rector der Nikolaischule und Professor der griechischen und lateinischen Sprache, geb. am 7. October 1563 zu Wolfshausen im Würzburgischen.
- 1758 † Dr. Johann August **Bach**, ausserordentlicher Professor der Rechtsalterthümer, geb. am 17. Mai 1721 zu Hohendorf bei Borna.

9. 1516 geb. Modestinus **Pistoris**, † als Ordinarius der Juristenfacultät und Bürgermeister am 17. September 1565.
- 1580 † Lorenz **Finckelthaus**, Stadtrichter, geb. zu Erfurt im Jahre 1524.
- 1652 geb. August Quirinus **Rivinus**, † am 30. December 1723 als Dekan der medicinischen Facultät; einer der ersten Botaniker seiner Zeit und Freund der Astronomie. Seine Schrift über die Pest vom J. 1680 hat classischen Werth.
- 1692 † Heinrich **Becker** von **Rosenfeld**, Kaufmann, Rathsherr und Baumeister.
- 1763 geb. Johann Gottlob **Böttger**, † am 10. März 1825; geschätzter Kupferstecher.

10. 1608 geb. Hartmann **Bierling**, † als Subdiakon an der Nikolaikirche bereits am 24. September 1637.
- 1736 † Dr. Christian **Weiss**, Pastor an der Thomaskirche, geb. am 10. October 1671 zu Zwickau.
- 1748 † *Christoph Georg* **Winckler**, *Kaufmann und Rathsherr.*
- 1748 geb. Christoph Friedrich **Bretzner**, † als Kaufmann am 31. August 1807; ein seiner Zeit sehr beliebter Lustspieldichter.
- 1862 † Friedrich August **Böttger**, Stadt-Steuereinnehmer, geb. zu Zerbst am 5. Mai 1776.

11. 1611 geb. Sigismund **Finckelthaus**, † am 2. Februar 1674 als Stadtrichter.
- 1770 geb. Johann Friedrich **Schröter**, † als Universitäts-Zeichnenlehrer am 2. April 1836; Kupferstecher.
- 1849 † Karl **Herloszsohn**, Dichter und Belletrist, geb. zu Prag im Jahre 1802.

12. 1732 † Johann Friedrich **Kreuchauf**, Kaufmann, Rathsherr und Baumeister.
- 1756 geb. Christian Ludwig **Stieglitz**, † am 17. Juli 1836 als Dr. der Rechte und Dompropst zu Wurzen; Wiederhersteller und Neubegründer der deutschen Gesellschaft und durch seine Schriften über Baukunst rühmlichst bekannt. Er war auch bis 1831 Rathsherr und Baumeister.

December.
1766 † Johann Christoph **Gottsched**, Professor der Logik und Metaphysik, trotz seines einseitigen Geschmacks und seiner sonstigen Schwächen hochverdient um deutsche Sprache und Literatur, geb. am 2. Februar 1700 zu Königsberg.

13. 1598 † *Heinrich* **Kitzsch**, *Rathsherr.*
1601 † M. Tobias **Möstel**, Rathsherr und Baumeister.
1769 † **Christian Fürchtegott Gellert**, ausserordentlicher Professor der Philosophie, geliebt und verehrt wie kaum ein anderer Dichter des deutschen Volks, unsterblich in seinen Fabeln und Liedern; geb. am 4. Juli 1715 zu Haynichen bei Freiberg.

14. 1605 geb. Christian **Schürer**, † als Dr. der Rechte und Proconsul am 28. Februar 1649.
1739 geb. Johann Gottlob **Haase**, † am 10. November 1801 als Professor der Medicin; bedeutender Anatom.
1851 † Hofrath und Professor Johann Friedrich August **Seidler**, geb. am 16. April 1779 zu Osterfeld bei Naumburg.

15. 1566 † Hieronymus **Scheibe**, Rathsherr, 52 Jahre alt.

16. 1551 † M. Johann **Göritz**, Stadtrichter, geb. zu Görlitz im Jahre 1499.
1574 † Christoph **Abt**, Rathsherr und Baumeister.
1664 geb. Johann Gottfried **Packbusch**, † als Dr. der Rechte und Rathsherr am 19. August 1706.
1769 geb. Heinrich August **Kerndörffer**, † als langjähriger Lector der deutschen Sprache an der Universität am 23. September 1846 zu Reudnitz.
1804 † der Kreis-Steuer-Einnehmer **Christian Felix Weisse**, Dichter und Verfasser des vielgelesenen Kinderfreundes, geb. am 28. Januar 1726 zu Annaberg.

17. 1555 geb. Laurentius **Finckelthauss**, ward als Syndicus der Stadt Lübeck am 11. März 1606 von seinem Diener erstochen.
1668 geb. Michael **Brummer**, † als Dr. der Rechte und Rathsherr am 21. Juli 1742.
1800 † M. Erdmann Hannibal **Albrecht**, Sonnabendsprediger an der Nikolaikirche, geboren zu Schleusingen am 26. Januar 1762.
1810 † Detlev Karl Graf von **Einsiedel**, Director der Leipziger ökonomischen Societät, u. s. w., geboren am 27. August 1737.

18. 1836 † Karl Friedrich Ernst **Weisse**, Director der Leipziger Feuerversicherungsanstalt, geb. um das J. 1770; Violoncellvirtuos.

19. 1679 † Dr. Valentin **Alberti**, Professor der Theologie, geb. zu Lehn am Bober am 13. December 1635; ein Hauptgegner der Pietisten.

December.
1704 geb. Rahel Christine Schreiter, † am 22. Februar 1750 als die Gemahlin des Professors der Theologie, Dr. Christian Friedrich Börner, wissenschaftlich gebildet erlernte sie noch als Ehefrau die hebräische Sprache.
1747 † Dr. Johann Zacharias Platner, Dekan der medicinischen Facultät, ausgezeichnet als Lehrer der Chirurgie, geboren zu Chemnitz am 16. Juni 1694.
1812 † Dr. Gottlieb Immanuel Dindorf, Professor der hebräischen Sprache, geb. zu Rotta bei Kemberg am 10. August 1755.

20. 1579 geb. Sigismund Finckelthauss, † als Ordinarius der Juristenfacultät und Bürgermeister am 12. August 1644.
1713 † Johann Gottlieb Hardt, Professor der Metaphysik, geb. am 18. September 1658 zu Lohburg.
1790 † *Johann Paul Habersang, architektonischer Zeichner, geb. J. 1732.*

21. 1732 geb. Romanus Teller, † als Dr. der Rechte und Stadtrichter am 15. April 1779.
1811 † die Schriftstellerin Johanna Friederike Lohmann, Tochter des Professors Johann Daniel Ritter zu Wittenberg.
1837 † M. Eduard Schweitzer, Lehrer an der Bürgerschule im 35. Jahre.
1844 † *der Musikalienhändler Friedrich Kistner.*

22. 1639 geb. Peter Oheim, † als Rathsherr und Vice-Oberpostmeister am 3. November 1673.
1728 † Gottfried Konrad Lehmann, Rathsherr und Baumeister, geb. am 4. April 1661 zu Weissenfels.
1822 † Dr. Christian Friedrich Angermann, Hofzahnarzt, geb. zu Borna am 16. November 1763.
1856 † Maximilian Freiherr von Speck-Sternberg, Kaufmann und Rittergutsbesitzer, geb. am 30. Juli 1776 zu Gröba bei Riesa.

23. 1499 † Dr. Thomas Werner, Professor der Theologie, geb. zu Braunsberg; Geschichtschreiber und Chronist.
1683 † Dr. Johann Adam Scherzer, Professor der Theologie, geb. am 1. August 1628 zu Eger; bekannt durch den seinen Namen führenden Heil-Balsam, den er als angehender Mediciner erfand oder zu bereiten verstand.
1783 geb. Christian Adolph Deutrich, † als Dr. der Rechte und Bürgermeister am 23. December 1839.
1794 † M. Georg Heinrich Martini, Rector der Nikolaischule, geb. im J. 1722 zu Tanneberg bei Annaberg.

24. 1650 † Georg Eichhorn, Stadtrichter.
1719 geb. Christian Heinrich Breuning, † als Professor des Natur- und Völkerrechts am 16. November 1780.

25. 1620 † *Jakob Griebe, Kaufmann und Rathsherr, geb. im J. 1580.*
1669 geb. Johann Christian Lange, † als General-Superintendent zu Idstein.

December.
- 1749 † *Dr. Johann Friedrich* **Hehmann** von **Hohenthal**, *Stadtrichter, Herr auf Naundorf und Wallendorf.*
- 1836 † Hofrath Johann August **Brückner**, eine Zeitlang politischer Censor, geb. zu Wittmund in Ostfriesland am 6. Mai 1751.

26. 1641 † Joachim **Ankelmann**, Kaufmann und Rathsherr, geb. am 5. December 1592 zu Hamburg.
- 1731 † Johann Ernst **Kregel**, Kaufmann und Rathsherr, geb. am 13. August 1652 zu Magdeburg.
- 1794 † Christoph Gottlob **Weigel**, Universitäts-Proclamator, geb. im J. 1725 zu Johanngeorgenstadt.
- 1812 † Johann Christoph **Kreller**, Kaufmann und Rathsherr, geb. im J. 1749 zu Dörrenthal.

27. 1466 † Stephan **Hüfner** aus Prettin, Professor der Theologie, Stipendienstifter.

28. 1605 geb. Huldricus **Grosse**, † als Advocat am 6. April 1677; Begründer der Stadt-Bibliothek.
- 1707 geb. Adrian **Steger**, † als Dr. der Rechte und Proconsul am 8. Juli 1765.
- 1766 geb. Joachim Moritz Wilhelm **Baumann**, † als Dr. der Rechte und Herr auf Trebsen und Steinbach am 21. April 1849.

29. 1470 † Hanns **Traupitz**, Bürgermeister.
- 1788 † Dr. Christian Friedrich **Petzold**, Professor der Logik, geb. zu Wiedemar bei Delitzsch am 29. Juli 1743.
- 1803 † *Friedrich Ludolph* **Hansen**, *Kaufmann und Rathsherr, geb. im Jahre 1737.*
- 1820 † Christian Friedrich **Hänel**, Kaufmann und Rathsherr, geb. im J. 1739 zu Schneeberg.
- 1833 † Karl Franz **Köhler**, Buchhändler, im 70. Lebensjahre.

30. 1604 geb. Wolf **Pellicke**, † als Rathsherr und Baumeister am 25. Juli 1679.
- 1736 geb. Christian David **Leonhardi**, † als Dr. med. und praktischer Arzt am 16. März 1806.
- 1772 geb. Paul Christoph Gottlob **Andreae**, † als Hofrath und Professor der Rechte zu Jena am 20. August 1824.
- 1831 † Dr. Johann August Heinrich **Tittmann**, Professor der Theologie, geb. am 1. August 1773 zu Langensalza.

31. 1480 † Johann **Spiess**, Prior des Dominicanerclosters zu St. Pauli.
- 1672 † der Oberst Basilius **Tittel**, Commandant der Pleissenburg.
- 1772 † Dr. Christian Friedrich **Schmidt**, Rathsherr und Baumeister, 72 Jahre alt.
- 1777 geb. Karl **Einert**. Er war von 1828—1831 Stadtrichter und † als Geheimer Justizrath.

www.ingramcontent.com/pod-product-compliance
Lightning Source LLC
Chambersburg PA
CBHW020059170426
43199CB00009B/331